LES QUESTIONS ACTUELLES

DE

POLITIQUE ÉTRANGÈRE

DANS L'AMÉRIQUE DU NORD

AF474116

A. SIEGFRIED, P. DE ROUSIERS, DE PÉRIGNY, F. ROZ, A. TARDIEU

LES QUESTIONS ACTUELLES DE POLITIQUE ÉTRANGÈRE DANS L'AMÉRIQUE DU NORD

Conférences organisées par la Société des anciens élèves et élèves de l'École libre des Sciences Politiques,

SOUS LA PRÉSIDENCE DE

MM. DENYS COCHIN, L'AMIRAL FOURNIER,
S. A. LE PRINCE ROLAND BONAPARTE, LE GÉNÉRAL BRUGÈRE
PAUL DESCHANEL

LE CANADA ET L'IMPÉRIALISME BRITANNIQUE — LE CANAL DE PANAMA — LE MEXIQUE ET SON DÉVELOPPEMENT ÉCONOMIQUE — LES ÉTATS-UNIS ET LA CRISE DES PARTIS — LA DOCTRINE DE MONROE ET LE PANAMÉRICANISME.

Avec 5 cartes hors texte.

1740

PARIS
LIBRAIRIE FÉLIX ALCAN
MAISONS FÉLIX ALCAN ET GUILLAUMIN RÉUNIES
108, BOULEVARD SAINT-GERMAIN, 108

1911

Tous droits de traduction et de reproduction réservés.

INTRODUCTION

C'est en 1907 que notre Société eut, pour la première fois, l'heureuse idée d'organiser une série de conférences sur les questions les plus actuelles de politique étrangère et sur les problèmes financiers de notre époque. Chaque année, un volume a offert au grand public le texte de ces conférences, prolongeant ainsi le succès qui les avait accueillies à l'École. La section de diplomatie et d'histoire, après avoir, avec le concours de brillants conférenciers, étudié les questions de politique étrangère en Europe et en Asie, a voulu, cette année, aborder un monde nouveau, où s'agitent de grands intérêts et de nobles idées. L'Amérique du Nord a fait le sujet des cinq conférences annuelles où s'est déployé tour à tour, sous la présidence de MM. Denys Cochin, l'amiral Fournier, le général Brugère, le prince

Roland Bonaparte, Paul Deschanel, le talent de MM. André Siegfried, Paul de Rousiers, de Périgny, Firmin Roz, André Tardieu ; ces conférenciers nous ont donné sur *l'impérialisme britannique au Canada*, le *canal de Panama*, le *Mexique*, la *crise des partis aux États-Unis*, la *doctrine de Monroë*, avec une abondante documentation, des vues judicieuses et précises.

L'Amérique du Nord n'a pas le passé de la vieille Europe, mais elle en a toutes les aspirations et toutes les ambitions. Son œuvre est immense, si l'on songe avec quelle rapidité elle l'a accomplie, amassant des trésors d'activité et d'intelligence, des richesses agricoles et industrielles incomparables. Et cette œuvre mérite toute notre attention car la France a exercé dans le Nouveau-Monde une influence considérable qu'elle ne doit pas oublier : elle y a imprimé, dès sa découverte même, le génie de notre civilisation.

***

C'est M. André Siegfried qui a ouvert très

brillamment la série des conférences, par une étude complète des rapports de l'Angleterre avec le Dominion canadien, nous faisant ainsi profiter des enseignements qu'il avait recueillis sur place lors de ses voyages au Canada. Ces rapports entre la métropole et sa colonie sont dominés par deux tendances : tendance du Canada à l'autonomie, à l'indépendance ; tendance de l'Angleterre impérialiste à resserrer le lien colonial pour former en quelque sorte un faisceau de toutes les colonies britanniques. M. André Siegfried envisage cet impérialisme britannique sous ses trois aspects : économique, militaire, politique. On a beaucoup parlé du désir du Canada de se séparer de l'Angleterre pour se rapprocher des Américains, sans penser qu'il y aurait un immense péril pour les Canadiens français et pour les Canadiens anglais à devenir Américains ; leur individualité disparaîtrait ; peut-être même les Canadiens français, qui sont de loyaux sujets de la Couronne britannique, perdraient-ils une grande partie de ces libertés qu'ils sont reconnaissants à Londres de leur avoir concédées. M. Siegfried a raison de dire que si les Anglais continuent à pratiquer une habile politique, à ne mécontenter ni les Canadiens, ni les Américains, rien ne viendra dissoudre l'union de l'Angleterre et de sa colonie : « Elle a si bien résisté que voilà plus de cent ans qu'elle dure et elle durera bien plus de cent ans encore. »

Nous avons pour le Canada les plus vives sympathies ; il est une manifestation vivante de l'expansion française dans le monde. Peut-on songer sans émotion aux gestes héroïques de ces hardis pionniers de la vieille France, de ces glorieux Français, les Champlain, les Cavelier de la Salle, les la Vérandrye, qui fondaient au Canada et dans la Louisiane ce magnifique domaine colonial que nous abandonnâmes jadis ! Comme le disait si bien M. Denys Cochin dans sa fine allocution, nous éprouvons pour le Canada « cet intérêt profond que nous porterions à une province de France restée française après tant d'années et à si grande distance... C'est une France d'autrefois. » A ses qualités natives, elle a ajouté les marques caractéristiques du génie anglais. Cette heureuse alliance de deux races restées distinctes, mais qui s'unissent pour l'administration générale de l'État, est une des principales causes de la prospérité du Canada qui tend à devenir de plus en plus dans l'Amérique du Nord un élément de force indiscutable.

*
* *

Dans l'étude des problèmes que soulève aujourd'hui le développement de l'Amérique du Nord, il en est un qui présente dès maintenant et présentera surtout dans l'avenir un intérêt capital; c'est l'ouverture du canal de Panama, où s'est encore manifestée, à l'origine, l'influence française. M. Paul de Rousiers, qui s'est acquis une haute compétence dans les questions économiques et maritimes, a bien voulu en indiquer les conséquences probables. Il y avait eu bien des projets de percement de l'isthme et de nombreux traités avaient été signés à ce sujet entre les États-Unis, l'Angleterre, et les républiques du Centre-Amérique. C'est un Français, qui, en 1881, voulut mener l'entreprise à bonne fin; il entendit ne faire appel qu'au concours des capitaux privés; ce fut là son erreur et la cause de son échec.

Mais c'est nous qui avions donné le premier coup de pioche, et les États-Unis ont suivi le chemin que nous avions tracé pour achever l'œuvre commencée.

L'ouverture du canal de Panama aura une influence indéniable sur la politique des États-Unis et sur leur expansion commerciale. Le canal sera évidemment des plus profitables à l'Europe pour son commerce avec les ports américains du Pacifique : San-Francisco, Panama, Callao, Guayaquil, Valparaiso, etc., etc..., qui seront beaucoup plus rapprochés désormais des ports de la Manche qu'ils ne l'étaient auparavant par le détroit de Magellan. Mais surtout le canal sera utile aux États-Unis. Il rapprochera les ports de l'Atlantique des ports du nord et du sud du Pacifique. Il permettra aux Américains du nord-est de lutter avantageusement avec l'Europe sur les marchés de l'Australie, du Japon et de la Chine. C'est un vaste champ d'exploitation ouvert aux industries américaines des régions de l'Est-Atlantique et de la vallée du Mississipi et où Panama pourra concurrencer Suez dans une certaine mesure ; quoique, en dernière analyse, Suez, qui est la grande voie du trafic entre l'Occident et l'Orient, semble destiné à favoriser encore les nations européennes dans leur commerce avec les ports de l'extrême Pacifique.

Si Panama doit procurer des avantages immenses aux Américains au point de vue économique, les avantages militaires ne seront pas moins considérables. Grâce au canal, les États-Unis pourraient opérer une rapide concentration de leurs flottes, si la lutte devait s'engager plus tard dans le Pacifique avec leur jeune rival de l'Est, le Japon. Aussi veulent-ils conserver la haute main sur lui. Ils pensent déjà à le fortifier conformément à un programme précis que le vice-amiral Fournier nous a exposé avec sa haute expérience. Panama, disait, à Chicago, le président Roosevelt, le 2 avril 1903, « est le plus grand exploit matériel du xxe siècle, plus grand que tout autre similaire en aucun siècle ; et ce sont les États-Unis qui l'accomplissent à leur profit. Ils tranchent à Panama le nœud gordien et s'en adjugent tous les bénéfices ! »

*
* *

On est émerveillé quand on songe aux efforts variés que la France a faits, à plusieurs époques, dans l'Amérique du Nord, et qui se manifestèrent si glorieusement au Canada et en Louisiane, autour de Québec et dans la vallée du Mississipi, pendant trois siècles. Nous avons vu, avec MM. Siegfried et de Rousiers, quelle œuvre immense nous avions entreprise au Canada et dans l'Amérique centrale. Entre temps, nous prenions pied au Mexique, qui a gardé, lui aussi, des traces de la culture française et est devenu très prospère au cours de ces dernières années. Le Mexique a une brillante histoire que M. le comte de Périgny nous a exposée avec clarté. Nous n'en connaissons malheureusement qu'une infime partie, puisque nous ne savons presque rien du passé illustre de ces races indigènes qui ont atteint, cependant, un très haut degré de civilisation. Après la domination espagnole qui fut très lourde pour le Mexique et provoqua en 1810 la guerre d'Indépendance, une longue période de discordes et d'anarchie marqua les premiers essais de liberté. Les désordres financiers déterminèrent une intervention des puissances européennes et de la France; notre expédition se transforma en une occupation dont les résultats furent déplorables et les conséquences funestes pour nous. Mais devant l'invasion étrangère, le Mexique prit conscience de sa nationalité et s'organisa en État moderne. L'Indien Juarez, avec une énergie sauvage, le régénéra. Puis, sous l'habile administration de M. Limantour, les finances furent réorganisées; pendant les trente ans que dura la présidence de M. Porfirio Diaz, le Mexique a grandi, et il occupe aujourd'hui, au point de vue industriel et commercial, une place importante dans l'Amérique du Nord. Pourquoi faut-il que le Mexique, après avoir mis fin aux crises et aux bouleversements de la jeunesse, connaisse à nouveau une période troublée? Il est à souhaiter que le départ du Président Diaz ne soit pas funeste à son pays. Comme le disait très bien M. de Périgny en terminant son intéressante conférence, il faut espérer que le Mexique « saura, par sa sagesse, éviter les fautes qui compromettraient sûrement la belle destinée qui s'ouvre à lui, et, par sa fermeté, conserver la place qu'il s'est acquise ».

*
* *

Après le Canada, l'Amérique centrale, le Mexique, il restait, pour les dernières conférences, une lourde tâche à remplir : présenter une étude d'ensemble de la politique intérieure et extérieure des États-Unis, c'est-à-dire de l'État qui occupe dans l'Amérique du Nord la place la plus considérable. On verra avec quel soin MM. Roz et André Tardieu se sont acquittés de cette mission.

Le 62e Congrès qui s'est réuni à Washington, en avril 1911, compte une très forte majorité démocrate, alors que cette majorité appartenait, depuis 1895, au parti républicain. Et parmi les vaincus des dernières élections se trouve précisément M. Roosevelt, dont la politique se rapproche le plus de celle des démocrates. Voilà, dit M. Firmin Roz, les signes d'une crise des partis fort curieuse. Cette défaite ressemble à celle qu'éprouvèrent les conservateurs anglais en 1906, et elle prit les caractères d'une véritable déroute. Elle semble due à plusieurs causes : division au sein du parti républicain, entre la droite et la gauche, entre le vieux parti et les « insurgents » qui, dans bien des cas, s'allièrent aux démocrates ; — impopularité du tarif Payne-Aldrich, qui a été aggravée par le renchérissement de la vie et qui a tourné la masse populaire contre les excès du protectionnisme et contre le vieux parti républicain ; — campagne menée contre l'aile gauche du parti républicain par les grandes sociétés financières et les trusts inquiets des attaques du président Roosevelt. M. Firmin Roz ne voit dans cette défaite qu'une crise passagère, le résultat d'une simple évolution des partis. Que voulait M. Roosevelt dans sa célèbre campagne? sinon fonder ce qu'on appelle le nouveau nationalisme. Il considérait que la constitution des grands trusts et des unions du travail, l'organisation des partis politiques produisaient un mouvement de désintégration de la société américaine, faisant prédominer avant tout les intérêts particuliers. Il faut, pense-t-il, abandonner l'individualisme Jeffersonien,

« faire revivre la pratique d'une action nationale vigoureuse pour l'accomplissement d'un dessein national » ; il faut constituer un pouvoir centralisé qui utiliserait les ressources du gouvernement fédéral en vue d'organiser réellement la démocratie américaine, et d'en faire passer les principes dans la pratique. C'est une tentative pour concilier le principe Hamiltonien d'un pouvoir politique fort et le principe démocrate de Jefferson. Il y a des vices qu'il importe d'extirper de la démocratie américaine. M. Roosevelt s'y emploie avec son grand courage et se dévoue à l'exécution de ce généreux programme. Pourquoi ne réussirait-il pas dans sa noble tâche ?

M. le général Brugère, dans la vibrante allocution par laquelle il résumait cette conférence, souhaitait à M. Roosevelt de triompher. Il soulignait l'amitié sincère que son gouvernement a témoignée à la France et dont il nous a donné, lors d'une crise pénible, un témoignage éclatant. Les liens séculaires qui unissent les États-Unis à la France ne feront que se resserrer, espérons-le, car ces deux grandes démocraties ont toutes les deux au cœur le même idéal : le triomphe de la liberté et de la justice !

*
* *

M. André Tardieu a terminé cette série de conférences par un exposé saisissant de la politique extérieure des États-Unis, qui se caractérise par l'application persistante d'une même doctrine, la doctrine de Monroë. On a fait de la doctrine de Monroë — et M. Tardieu s'élève avec beaucoup de raison contre cette tendance — une théorie de droit international, alors qu'elle est avant tout une doctrine politique destinée à assurer le triomphe d'intérêts personnels aux Américains. Ce n'est pas une doctrine juridique internationale s'appliquant à l'ensemble des nations ; mais un principe de politique réaliste qu'un État a voulu appliquer pour assurer son existence, puis son développement et son expansion à l'encontre d'autres États. Qu'est-ce donc que cette doctrine ? M. André Tardieu la dissèque brutalement et la montre sous son vrai jour. Le message du Président James Monroë, de 1823, qui la contient se ramène à quatre affirmations ou plutôt à quatre négations dont deux sont opposées à l'Europe : « les États-Unis estiment qu'à cette date, 1823, il n'y a plus de place sur le territoire du Nouveau-Monde pour une intervention motivée par le régime qui règne alors en Europe », — et dont deux autres sont imposées aux États-Unis eux-mêmes : « ils déclarent qu'ils n'ont pas l'intention d'intervenir dans les affaires de l'Europe, également ils n'ont pas l'intention de porter atteinte aux possessions coloniales que les puissances européennes possèdent à cette date dans le Nouveau-Monde. » Ils laissent l'Europe aux Européens, parce qu'ils veulent que l'Amérique soit aux Américains.

Mais cette doctrine ne fut pas toujours appliquée également au cours du XIXe siècle. A diverses reprises, les États-Unis acceptèrent l'immixtion des puissances européennes dans les affaires américaines et, même en s'opposant à la politique de Napoléon III au Mexique, ils n'invoquèrent pas la célèbre doctrine. C'est que celle-ci, conforme à l'intérêt strict des États-Unis, ne fut maintenue et observée que plus tard, quand ils eurent atteint un degré de puissance tel que, grâce à leur armée et à leur flotte, ils voulurent rester les maîtres en Amérique, exercer sur tout le continent une sorte d'arbitrage et de contrôle moral. Elle fut solennellement affirmée à l'encontre de l'Angleterre, en 1895, dans l'affaire du Vénézuéla, et fut alors l'expression d'un sentiment populaire et national.

Peu à peu les États-Unis furent entraînés avec le développement croissant de leur force et de leur richesse vers une évolution de la doctrine de Monroë. Celle-ci, qui était jadis une théorie de non-intervention, devint l'application du principe d'intervention, dans l'intérêt des États-Unis, contre les colonies espagnoles ou les républiques de l'Amérique du Sud. Elle se résuma bientôt dans le panaméricanisme, et c'est précisément parce qu'elle n'était qu'un programme de politique réaliste que les États-Unis furent amenés par les contingences et les intérêts du moment à l'appliquer à leur profit.

Enfin l'évolution de la doctrine de Monroë a conduit les États-Unis à inaugurer une politique mondiale. On les a vus intervenir en Extrême-

Orient, dans les affaires de Chine et de Mandchourie, en Orient, au Maroc, et participer aux deux Conférences de La Haye. Ils ont aujourd'hui une grande ambition : assurer, grâce au canal dont ils seront les maîtres, leur domination sur le Pacifique qui deviendrait, par l'extension croissante de leur commerce et la puissance de leur flotte, un océan américain. Il y a donc non seulement à l'heure présente, dans cette dernière phase de la politique américaine, le désir avoué de dicter sa loi à l'Amérique du Sud — et c'est là l'expression du pan-américanisme affirmé dans de récents congrès —, mais aussi un rêve magnifique d'impérialisme, encouragé par la conquête de Cuba et des Philippines et par le percement de l'isthme de Panama. Les États-Unis ne vont-ils pas maintenant se heurter à d'autres ambitions qui, elles aussi se développent et qui, au fond du Pacifique, préparent sans doute à un jeune Empire déjà couvert de gloire, d'illustres destinées ?

Il est désirable, pour le repos du monde, que les conflits qui pourraient surgir dans l'avenir soient réglés pacifiquement dans une commune sagesse. Mais il n'est pas sans intérêt de constater, comme le disait M. Paul Deschanel, en présidant la conférence de M. Tardieu, « que les formules qui servaient d'abord uniquement aux États-Unis à leur défense contre les ambitions de l'Europe se prêtent aujourd'hui à la conquête des terres océaniques ».

*
* *

Il ne pouvait y avoir de meilleure conclusion à la série des conférences sur l'Amérique du Nord que le magistral tableau de la politique américaine, tracé avec tant d'élégance par M. André Tardieu. On y voit non seulement les modifications brusques d'une politique qui veut être avant tout réaliste, mais aussi l'évolution d'un monde qui, depuis cent ans, a subi les plus prodigieuses et les plus étonnantes transformations ! Est-ce à dire que les États-Unis aient atteint l'apogée de leur puissance, que leur prospérité matérielle doive subir un temps d'arrêt? Au contraire voudront-ils, appliquant rigoureusement la théorie de l'impérialisme, modifier à leur profit l'équilibre de l'Amérique et du Pacifique ?

C'est le secret de l'avenir. Mais n'oublions pas que la politique américaine est avant tout positive et pratique, et souhaitons qu'elle sache éviter les ambitions prématurées et les conflits dangereux.

L'histoire des États-Unis est déjà glorieuse ; ils la poursuivent inlassablement comme s'ils étaient investis d'une mission dans le monde. La raison de leurs succès réside non seulement dans leur habileté et leur audace, mais aussi dans leur organisation la plus intime. Ils ont eu, en effet, un double mérite, et il est très grand. Ils ont poussé à son maximum l'intensité de l'effort individuel et ils ont voulu en même temps la constitution d'un État fort, appuyé sur une armée et principalement sur une marine puissantes, parce qu'ils savent que la force est l'élément indispensable de la grandeur des peuples.

J. Aulneau et P. Bodereau.

Paris, le 1er juin 1911.

LE CANADA ET L'IMPÉRIALISME BRITANNIQUE

I

DISCOURS DE M. DENYS COCHIN

DE L'ACADÉMIE FRANÇAISE
DÉPUTÉ DE LA SEINE

Messieurs[1],

Je ne vous adresserai que fort peu de paroles. Je me rappelle, en effet, en cherchant dans de lointains souvenirs, que lorsque j'avais, à mes débuts, l'honneur de porter la parole en public, je m'irritais beaucoup à part moi contre des présidents, beaucoup plus âgés, qui occupaient fort longtemps la tribune et s'emparaient de tout mon sujet.

C'est une prétention qu'assurément je n'aurai pas en présence de M. André Siegfried pour plusieurs raisons. La première, c'est que ce serait très mal à propos de ma part et très indiscret; la seconde, c'est que je ne pourrais pas faire ce que je reprochais tout à l'heure aux autres : m'emparer d'un sujet qu'il connaît infiniment mieux que moi.

Il a, en effet, été au Canada, il a écrit sur le Canada, et pour moi, je n'ai, au sujet du Canada, que très peu de connaissances. J'éprouve simplement cet intérêt profond que nous porterions à une province de France, restée française après tant

1. Discours prononcé par M. Denys Cochin le 30 janvier 1911.

d'années et à si grande distance. Oui ! restée purement française : et en même temps si sage dans la situation que la politique et l'histoire lui ont faite. Rien n'a empêché cette nation de garder ses caractères de race. C'est une France d'autrefois qui, sur certains points, peut offrir à sa sœur, très moderne, quelques exemples, quelques conseils.

Lorsque, dans la même famille, deux branches ont été séparées pendant longtemps, les voies suivies par l'une ou l'autre peuvent diverger grandement. Il n'est pas dit cependant que tout ait été progrès pour les uns et que tout ait été recul et erreur pour les autres. Les deux branches ont pu progresser, chacune à leur manière. Voilà des Français qui n'ont pas connu la Révolution ; ils nous représentent ce que nous aurions pu être si nous n'avions pas connu ce bouleversement profond. L'étude est singulière, et intéresse la philosophie politique.

Et bien ! cette France, soustraite à la Révolution, n'est pas moins française que l'autre. Le caractère de race n'est point effacé ni atténué. Elle n'est pas moins libérale que l'autre ; elle a la même passion que notre France, et une pratique au moins égale de la liberté.

Je ne vais pas — ne comptez pas sur moi pour cela — établir un parallèle entre les Français des deux côtés de l'Atlantique. Je n'aime pas critiquer mon pays en le comparant à d'autres.

Cependant, nous ne sommes pas ici devant des étrangers ordinaires ; la même réserve n'est plus de rigueur ; et quand nous parlons du Canada et de la France, la comparaison ne s'établit qu'entre Français.

J'ai lu avec grand intérêt et profit le livre si bien écrit par M. André Siegfried. Le jeune et très distingué écrivain cependant me pardonnera de n'être pas toujours d'accord avec lui et de le dire : il n'y aurait jamais de conversation sans cela.

Il a consacré de très amples chapitres à décrire ce qu'il appelle la domination de l'Église catholique au Canada. Il dit même constamment : l'Église romaine.

Est-il sûr, quand il constate ce que sont restés, après tant d'années de séparation, les Canadiens, est-il sûr que l'Église ait été si purement romaine ; que son influence n'ait pas été considérable pour garder intacte une population française en présence des Anglais conquérants, et qu'en ce sens l'Église n'ait pas été française ? La liberté religieuse, la liberté de rester fidèles à la loi de leurs pères, liberté consacrée par la capitulation de Québec, a été pour beaucoup dans la conservation des mœurs, des idées, du langage de la mère patrie.

Ah ! certainement tout n'est pas parfait ; partout où il y a des hommes, on peut trouver des passions et des abus, mais enfin, puisque nous comparons la politique française d'outre-mer et celle de ce côté, il est bien permis de dire que, s'il y a des abus d'un côté, il y en a aussi de l'autre.

M. Siegfried, par exemple, nous parle des écoles. Là-bas les bienfaits de l'esprit laïque ne semblent pas, paraît-il, suffisamment appréciés. Il me semble cependant qu'on a très bien résolu le problème : ce sont les pères de famille qui créent les écoles, ce n'est pas l'État. L'État, suivant le jeune auteur, renonce là à un de ses droits fondamentaux. Mon Dieu ! de notre côté de l'Océan, Auguste Comte était d'avis qu'il fallait enlever à l'État la direction de l'instruction publique.

Au Canada, l'État cependant ne se désintéresse pas d'une question si grave : les écoles fondées par l'initiative privée reçoivent de lui des subventions qui sont proportionnées au nombre des élèves ; et cela quel que soit le caractère des écoles. N'est-ce pas là une façon très libérale de comprendre les choses ? Faites des écoles ; ayez soin qu'elles soient salubres, qu'elles soient honnêtes, que les maîtres soient capables ; mais, tout cela bien convenu, faites-les à votre goût. L'État renonce-t-il à ses droits en donnant une part de l'impôt qui a été payé par tout le monde, aux écoles, proportionnellement au nombre des enfants ? Il ne fait que respecter la liberté des familles.

Mais, suivant l'opinion de M. Siegfried, le clergé a pris un peu trop le goût de se mêler aux affaires publiques. Il cite des exemples, et des exemples choisis avec esprit, de prêtres, d'évêques se jetant dans la lutte électorale. On a même donné, suivant l'habitude ancienne, des consultations en latin : *an deputatus graviter peccaverit, quando votaverit*, etc. On a été plus loin, jusqu'au refus des sacrements.

La mesure est grave, et, je le crois comme M. Siegfried, abusive. Mais enfin, si nous repassons l'Océan et revenons vers ce rivage où, comme le dit M. Siegfried, on a connu, médité, pratiqué la Déclaration des droits de l'homme et les principes de 89, croyez-vous que, de la part de l'autorité la plus laïque, le refus des sacrements soit sans exemple? Il y aurait donc des sacrements laïques? Mais oui. Une petite anecdote dont j'affirme la vérité va vous le démontrer.

J'ai eu à m'occuper, cette année, d'un pauvre garçon qui voulait être notaire de village après avoir été clerc pendant vingt ans. Reçu par la Chambre des notaires du chef-lieu, avec toutes les approbations voulues, ayant payé sa petite étude avec les économies d'un long travail, il voyait ses espérances brisées. Pourquoi ? Par le refus du sacrement nécessaire. Oui, le refus de ce sacrement laïque duquel dépendait, non pas son salut éternel, mais le modeste bonheur terrestre longtemps rêvé : siéger à son tour sur un fauteuil, dans un cabinet de patron, toucher des honoraires pour son compte et être enfin chez lui. Ce sacrement indispensable, c'était le décret de nomination. Il était nettement refusé. J'allai voir un garde des sceaux fort aimable, qui me dit en souriant : « N'insistez pas, mon cher collègue, c'est impossible. »

J'allai voir alors un important directeur, très décoré, qui voulut bien ouvrir pour moi le dossier du clerc de notaire et me montrer la pièce décisive, une pièce signée d'un sous-préfet, déclarant que mon protégé avait fait partie d'une association de jeunesse catholique et, à plusieurs reprises, mal voté. M. le directeur ajoutait gravement : « Vous m'accorderez, monsieur le député, que les notaires doivent donner l'exemple du respect de la loi ! » Vous voyez, c'est bien le refus de sacrement; et pour le même motif : *an notarius graviter peccaverit, quando votaverit. (Rires, applaudissements.)*

Voilà ce qui se passe chez nous. Ce n'est pas la faute de la Déclaration des droits de l'homme, mais de ceux qui la trahissent. Voici ce que j'écrivis au ministre : « Durand (appelons-le ainsi), Durand sera notaire, ou bien il sera célèbre. Je vous donne le choix ! » Je dois dire que le garde des sceaux, qui avait de l'esprit, me dit deux jours après : « J'aime encore mieux qu'il soit notaire. » *(Rires.)*

Seulement, il y a cinq cents Durand en France, qui n'ont pas rencontré de député libéral pour les défendre. Et je suis bien convaincu que l'ingérence cléricale fait moins de victimes au Canada.

Je m'excuse, et j'ai hâte de céder la parole à l'auteur d'un livre que j'ai lu avec un grand intérêt.

Vous trouverez encore, dans ce livre, un très bon chapitre sur les écoles secondaires. Il paraît que là-bas on enseigne la philosophie d'après les principes de saint Thomas et en latin. On a avoué à M. Siegfried qu'on n'avait pas confiance dans Descartes ni dans Spinosa : deux philosophes dont il ne faudrait pas trop rapprocher et confondre les doctrines. J'aimerais, quant à moi, pour bien juger l'état de choses qui règne au Canada, user des principes d'un philosophe américain récemment mort, William James. Il avait créé et enseigné la doctrine du pragmatisme, et la vérité, suivant le pragmatisme, se reconnaît à l'usage et d'après le bien qu'on en tire. Cette philosophie est résumée tout entière en une phrase de l'Évangile : « Jugez l'arbre à ses fruits. »

Eh bien! l'exemple du Canada démontre à mes yeux, pragmatiquement, qu'il n'y a rien de vrai en politique, sinon la liberté. Le problème à résoudre était assurément le plus difficile de tous. Pratiquer la liberté, lorsque dans un peuple il y a beaucoup d'esprits divers appartenant à beaucoup d'écoles diverses, avoir affaire à une multiplicité de personnes et d'idées, ce n'est qu'une difficulté encore relative. Des moyennes peuvent s'établir. La vraie difficulté, c'est lorsqu'on est en présence de deux grandes écoles contraires ; et, condition plus ardue encore, de deux grandes races : deux races, l'une récemment victorieuse, les Anglais protestants, l'autre récemment vaincue, les catholiques français ; deux grandes, intelligentes, vaillantes races, mal préparées à se faire l'une à l'autre des sacrifices.

Quand ce terrible problème social se présente, il reçoit trop souvent une abominable solution : la tyrannie d'une des deux races, l'extermination de l'autre. Cela ne se voit pas seulement dans des temps anciens, mais en pleine Europe et, de nos jours, dans la Pologne prussienne, par exemple.

Au Canada, la liberté a résolu le problème et les résultats sont admirables. Dans les rares occasions où j'ai pu m'entretenir avec des Canadiens, j'ai été frappé de leur air de fière satisfaction et de la profonde sagesse de leurs paroles. J'ai eu l'honneur, il y a quelques années, de voir, à la Chambre des députés, M. Laurier, un instant seulement. Il m'a parlé du lien qui rattachait l'Angleterre au Canada, il m'a dit : « Moi, qui suis un vieux Français, je ne veux pas me séparer de l'Angleterre ; entre elle et nous, le lien était trop ténu, il fallait ou le rompre ou lui donner plus de force, c'est à ce second parti que je me suis rangé, sans croire en cela trahir ni ma race, ni mes souvenirs. » La même année, dans un banquet qui lui fut offert à Paris, il disait : « Nous pouvons être à la fois fidèles à la patrie de laquelle nous tenons notre race, et à l'autre patrie à qui nous devons la liberté. »

Lorsqu'il rencontra des difficultés d'ordre confessionnel, M. Laurier les trancha avec la même équité raisonnable. Ce fut à propos d'un projet de loi sur les écoles de Manitoba, dans le détail duquel j'aurais bien tort d'entrer en ce moment. M. Laurier proposa un arrangement qui garda son nom et finit par mettre tout le monde d'accord.

Il fut attaqué ; on lui dit : « Vous vous dites catholique, mais vous n'êtes qu'un nationaliste, vous n'avez pas le droit comme catholique d'agir comme vous le faites. » Il répondit (les paroles me sont restées dans la mémoire, comme un modèle d'éloquence d'homme d'État) : « Je suis le chef reconnu d'un grand parti qui compte des catholiques et qui compte des protestants. Je ne puis pas admettre que l'attitude que je prendrai soit réglée ou par les uns ou par les autres. Cette attitude, la seule qu'on a le droit d'attendre de moi, est celle qui doit être approuvée par tous les hommes qui aiment la tolérance et la liberté. »

M. Bourassa, le chef du parti nationaliste, cité aussi souvent par M. Siegfried et parfois un peu sévère pour nous, dit : « Nous pouvons être Français et rester tout de même Canadiens anglais, de même qu'on peut être Anglais et rester Américain des États-Unis. » Il dit encore : « Nous sommes des Français du Nord, Français de Normandie, pays du droit coutumier et qui n'étaient pas ceux du droit écrit. »

Cette distinction entre diverses parties de la France m'a donné à réfléchir, parce que je crois que les Français du Nord sont un peu trop gouvernés depuis quelque temps par les Français du Midi. (*Rires, quelques applaudissements.*)

Il dit aussi : « Nous n'avons pas connu, c'est vrai, la Révolution, mais nous n'avons pas connu non plus l'Empire ; et nous n'aimons pas la centralisation à outrance, le militarisme légal, l'organisation administrative tracassière, nous n'aimons pas tout ce que l'Empire a donné à la France. » Il ajoute : « Et tout ce dont elle ne s'est peut-être pas suffisamment débarrassée. »

Ne soyons point trop fiers, et sans être injustes envers notre pays, reconnaissons que, dans l'exemple des Français de là-bas, il peut y avoir de très bonnes choses à apprendre.

Voilà les quelques idées que m'a inspirées la lecture du livre très intéressant de M. André Siegfried. Vous voudrez tous le lire, j'en suis sûr, — surtout quand vous aurez entendu l'auteur auquel je suis heureux de céder la parole. (*Vifs applaudissements.*)

LE CANADA ET L'IMPÉRIALISME BRITANNIQUE

II

CONFÉRENCE DE M. ANDRÉ SIEGFRIED

DOCTEUR ÈS LETTRES, PROFESSEUR A L'ÉCOLE DES SCIENCES POLITIQUES

Messieurs[1],

Le sujet qu'on m'a fait l'honneur de me demander de traiter ce soir est l'*Impéralisme britannique au Canada*. Je m'en vais essayer de l'envisager dans son ensemble et j'ajoute immédiatement dans sa complexité, car il est fort compliqué, et bien vite vous allez voir pourquoi.

Le Canada est, en fait, une nation indépendante. Mais en droit, c'est une colonie britannique. D'où première incertitude, sur ses droits et ses pouvoirs.

Est-ce qu'au moins la population du Canada est homogène ? Pas du tout. Vous savez déjà qu'elle comprend des Français et des Anglais : Français de vieille race française, Anglais de souche très antique également. Mais à côté d'eux s'affirment des éléments nouveaux : Anglo-américains, récemment établis dans l'ouest du Canada, immigrants d'un caractère tout à fait exotique, qui ne viennent même pas de l'ouest de l'Europe, mais des profondeurs de l'Orient européen et presque de l'Orient asiatique.

1. Conférence faite par M. André Siegfried le 30 janvier 1911.

Ce peuple, qui n'a pas l'unité de la race, a-t-il du moins, me demanderez-vous, l'unité que donne la civilisation britannique ? Pas davantage. Les Français sont inassimilés et sans doute inassimilables ; les Anglais demeurent britanniques, c'est entendu ; mais dans l'Ouest, les Anglo-américains et les nouveaux immigrants qui peuplent les prairies sont de plus en plus dominés et imprégnés par la civilisation américaine. De telle sorte que si nous cherchons dans le pays qui nous occupe une unité quelconque de race ou de civilisation, nous ne la trouvons pas. Si nous considérons enfin que ce Canada, colonie britannique, est en même temps incorporé dans l'Amérique du Nord comme la chair dans la chair, qu'il participe de la vie même du Nouveau continent et qu'en même temps il reste anglais, ah ! vous serez d'accord avec moi pour reconnaître que le problème impérialiste, c'est-à-dire le problème des rapports du Canada avec l'Angleterre, est singulièrement compliqué !

Je vais cependant essayer de l'analyser avec toute la netteté possible. Mais vous comprendrez qu'il m'est absolument nécessaire, avant d'aborder le sujet lui-même, de traiter, dans une courte préface, la question des races et des partis politiques au Canada.

Quels sont les sentiments politiques profonds des Canadiens français? Que pensent-ils ? Premier problème, extrêmement difficile à résoudre! Si vous le leur demandez à eux-mêmes, ils vous diront rarement le fond de leur pensée. Interrogez les Canadiens anglais, même incertitude! Mais quand on a vécu au Canada, quand on a vu les Canadiens anglais à la lumière des Canadiens français et vice versa, il y a certaines choses que l'on comprend, que l'on voit, bien qu'il soit impossible, pour ainsi dire, de les lire jamais écrites nulle part.

La première chose qui me frappe chez les Canadiens anglais, c'est qu'ils sont restés très britanniques. Ils sont profondément anglais par leurs habitudes, par leurs tendances et par leurs amitiés; mais en même temps, ils sont extrêmement canadiens. Un sentiment en particulier les caractérise : c'est leur besoin profond et tenace d'autonomie.

Certes, ils aiment l'Angleterre ; ils sauraient lutter pour elle et même mourir pour son drapeau si c'était nécessaire; mais en même temps, ils sont assez canadiens pour résister par la force — j'entends par la force morale et peut-être même par la force matérielle — contre toute tentative de la mère-patrie tendant à revenir sur l'autonomie que le dernier siècle leur a donnée. Voilà donc chez les Britanniques deux tendances distinctes : l'une très anglaise, l'autre très canadienne.

Avec les Français, c'est encore plus compliqué et il faut, lorsqu'on parle d'eux, envisager successivement les sentiments qu'ils éprouvent vis-à-vis de la France, vis-à-vis des Canadiens anglais et enfin vis-à-vis de l'Angleterre.

Vis-à-vis de la France ? C'est très simple : ils nous aiment, ils nous admirent, ils ont de la sympathie pour nous, ils restent fidèles aux souvenirs de la vieille France. Ils ont conservé leurs mœurs d'autrefois, leur religion traditionnelle et leur langue ! Mais ils n'ont pas envie de redevenir Français, et cela ils le disent très naturellement, très nettement et d'une façon qui véritablement désarme la critique. Ils savent vous expliquer, d'un raisonnement qui me paraît victorieux, que le régime que leur ont fait les Anglais les satisfait et qu'ils ne savent vraiment pas ce qu'ils gagneraient à rentrer sous le drapeau de la France. Cela, Messieurs, est dit simplement, loyalement, de telle sorte que nous n'avons rien à objecter nous, Français. Aussi, lorsque je vois certains Canadiens anglais, mus évidemment par un sentiment de préjudice de race, venir insinuer que les Canadiens français ne sont pas loyaux au drapeau britannique, je puis déclarer hautement que c'est faux. Je vais même plus loin, et je suis persuadé que si la suprématie britannique était mise un jour en péril en Amérique, les Français feraient pour la défendre leur devoir au même titre que les

Anglais! Je ne suis même pas loin de penser, comme cet orateur Canadien, que le dernier coup de fusil qui serait tiré pour la défense du drapeau britannique en Amérique, le serait par un Canadien français. Voilà, Messieurs, ce que les Français doivent avoir la sagesse de deviner et le courage de constater.

Passons maintenant aux sentiments des Canadiens français vis-à-vis des Canadien anglais, c'est-à-dire de leurs voisins immédiats. Ce n'est pas de la sympathie, c'est peut-être de l'estime, c'est peut-être de l'admiration; ce n'est sûrement pas de l'amitié. Ils ont vécu trop les uns près des autres, ils ont trop souvent opposé leurs mœurs différentes, leurs langues différentes, leurs habitudes différentes pour pouvoir vivre dans une atmosphère de grande cordialité. Ils sont corrects les uns en face des autres, pas plus.

Quant aux sentiments des Canadiens français vis-à-vis de l'Angleterre, ils sont franchement cordiaux. Les Français sont reconnaissants envers le gouvernement britannique de ce qu'il a fait pour eux. Ils sont reconnaissants d'avoir obtenu de Londres le respect de toutes leurs libertés : liberté de langage, liberté de parole, liberté de presse, liberté d'être représentés dans le Parlement fédéral en toute indépendance, et surtout liberté de mener leurs affaires dans la province de Québec, avec une pleine autonomie, exactement dans le sens où ils l'entendent.

De telle sorte, Messieurs, que j'en viens à répéter ce que j'affirmais tout à l'heure — car il faut y insister — : les Canadiens français sont pour la domination britannique en Amérique de fermes soutiens.

Vous allez peut-être suggérer qu'on doit s'attendre, dans ces conditions, à voir les partis canadiens constitués selon les divisions des races. On s'y attend, en effet, mais ce n'est pas ce qui se produit. Il n'y a pas un parti *anglais* et un parti *français* : il y a deux partis, le libéral et le conservateur.

A dire vrai, ce sont, Messieurs, des formes vaines. Les libéraux étaient jadis libre-échangistes tandis que les conservateurs étaient protectionnistes, mais cette différence est allée s'atténuant avec les années. Si elle reprend aujourd'hui un peu d'actualité, elle n'est cependant pas suffisante pour constituer une sérieuse ligne de démarcation.

Au Canada, les partis politiques sont bien plutôt des groupements de personnes qui ont lutté côte à côte et qui se sont créé respectivement à travers les années une sorte de camaraderie politique. Mais attendez qu'une crise un peu profonde se produise! Dès que les questions fondamentales des rapports entre les races se posent, alors, ce cadre tout superficiel des partis se brise et on voit renaître les deux courants qui n'ont jamais cessé de couler de part et d'autre, le courant anglais et le courant français.

Les hommes d'État qui dirigent la politique au Canada ont beau faire des efforts diplomatiques merveilleux pour maintenir une apparence d'unité dans ces partis qui sont au fond divisés, ils n'y réussissent pas, et dès qu'un événement un peu grave survient on voit reparaître les séparations profondes qui ne sont pas inscrites dans les répertoires officiels des partis, mais qui sont inscrites au grand jour du livre de la Nation pour quiconque veut bien les regarder.

Il y a actuellement, depuis quinze ans, comme premier ministre un Français. Sir Wilfrid Laurier est de race française, de religion catholique, de langue française. Cependant, le gouverneur anglais du Dominion n'a pas hésité, en 1896, à l'appeler au pouvoir. Et ce n'est pas une des choses les moins remarquables de cette domination britannique au Canada que de voir l'Angleterre appeler au premier poste un homme qui n'est pas anglais.

Sir Wilfrid Laurier a immédiatement attiré à lui, non seulement les Anglais libéraux, mais tous les Français. Et les Français, depuis lors, l'ont suivi avec une fidélité qui ne s'est pas démentie. Ils ont pensé, avant toute autre considération de parti, qu'ils avaient tout à gagner à avoir comme premier ministre un homme de leur race. Est-ce à dire qu'ils soient décidés à le suivre partout où il voudrait les mener ? Non, Messieurs. Les Canadiens français, qui sont de descendance normande, sont extrêmement fins et extrêmement habiles, sachant à la fois donner et retenir. Ils ont bien consenti à donner leur appui à M. Laurier pour faire une politique largement canadienne, c'est entendu. Mais, au fond d'eux-mêmes, ils n'ont cessé de se dire : « Que M. Laurier devienne *Canadien*, s'il le veut. Nous, nous restons avant tout *Canadiens français*. »

Je m'excuse, Messieurs, de ces subtilités, mais elles sont nécessaires pour comprendre le problème impérialiste. Vous verrez toujours en effet, dans le problème impérialiste, des gens qui sont plus Canadiens que Canadiens français et vous en verrez toujours d'autres qui sont plus Canadiens français que Canadiens tout court. Là gît la principale difficulté.

M. Laurier, qui est un diplomate de premier ordre et un homme d'État qu'aucune difficulté n'a encore su terrasser, a réussi à se maintenir pendant quinze ans à la tête des affaires, mais au prix de quels prodiges de diplomatie et pour ainsi dire d'équilibrisme, vous allez le voir lorsque nous allons traiter en commun la question de l'impérialisme.

Enfin, Messieurs, je me reprocherais de terminer cette préface sans avoir cependant indiqué qu'elle n'est pas tout à fait exacte et qu'à certains égards cette opposition entre Canadiens français et Canadiens anglais pourra dès demain appartenir au passé.

Vous n'ignorez pas, en effet, que depuis dix ans les immenses prairies de l'Ouest se peuplent de plus en plus. Les émigrants arrivent, je ne dis pas par milliers, mais par centaines de milliers. Ils s'établissent dans l'Ouest et les villes champignons y naissent comme en Amérique. Vous voyez la production des provinces de l'Ouest augmenter de jour en jour, et se développer dans l'ouest du Canada une population entièrement nouvelle qui n'est ni proprement française, ni proprement anglaise, mais qui est de plus en plus « canadienne ».

Messieurs, ce qui me frappe, c'est que bientôt, demain, peut-être dès la prochaine élection, la balance politique va être transportée dans l'Ouest ; le centre de gravité, qui était il y a soixante-dix ans à Québec, qui était encore il y a quelques années à Montréal et à Toronto, sera peut-être dans quelques années à Winnipeg. Alors, le caractère entier de la politique canadienne sera modifié et ces vieilles questions de rivalité anglo-française seront dépassées par une question infiniment plus grave, la question de savoir si le Canada restera anglais type « vieille Angleterre », ou s'il deviendra américain type « Nouveau Monde ».

Ne vous y trompez pas, la question anglo-française, c'est le passé. L'avenir est à la question anglo-américaine. Pour le moment, sans doute, elle n'est pas encore extrêmement brûlante, elle ne se pose pas avec brutalité, mais ce serait une erreur fondamentale que de vouloir l'ignorer.

Messieurs, voilà les quelques mots de préface que je tenais à dire. Je vais essayer maintenant de poser le problème impérialiste au Canada, et, là encore, je me trouverai aux prises avec des complications presque infinies.

Vous remarquerez d'abord que le Canada, dans l'Amérique du Nord, se trouve en quelque sorte tiraillé entre deux pôles. D'une part, il y a l'attirance américaine, de l'autre l'attirance britannique.

L'attirance américaine, c'est celle que la géographie indique : il y a plusieurs milliers de kilomètres de frontière entre le Canada et les États-Unis ; la civilisation américaine est là aux portes du Canada, le prestige américain, la puissance américaine sont là, présents et pressants. Comment le Canada ne serait-il donc pas attiré vers la grande république ?

Mais d'autre part, il y a un danger dans cette attirance, et les Canadiens français, comme les Canadiens anglais, se rendent très bien compte de l'immense péril qu'il y aurait pour le Canada à devenir américain : il perdrait son individualité ! Et puis les Français seraient-ils respectés par les Américains comme ils le sont par les Anglais ? Je ne le crois pas quant à moi, et je suis persuadé qu'on ne leur laisserait pas l'entière liberté dont ils jouissent actuellement.

D'autres remarques s'imposent : Québec, Montréal, Toronto seraient des villes de quatrième ou cinquième ordre dans les États-Unis tels qu'ils sont aujourd'hui. Il arrive donc que le Canada, par le fait même qu'il redoute les États-Unis, se trouve entraîné dans l'orbite de l'Angleterre. Et c'est ainsi que naissent et se renouvellent perpétuellement les sentiments impérialistes.

Cette attirance du côté de l'Angleterre, n'est pas faite seulemement d'une réaction. Il y a les souvenirs communs, l'origine de la race, les institutions politiques issues du vieux pays : parlementarisme canadien opposé à démocratisme américain. Ce n'est pas la même chose en effet et l'esprit des deux gouvernements n'est pas le même. D'autre part, il y a le prestige immense de Londres, capitale de l'Empire, et surtout le prestige merveilleux de cette grande puissance politique qu'est la Grande-Bretagne, qui depuis deux siècles donne au monde des exemples de liberté, d'équilibre et de progrès politique. Ne croyez pas que les Canadiens soient insensibles à ces choses et ne vous imaginez pas un seul instant que Londres reste sans prestige lorsqu'on le compare à Washington.

On parlait tout à l'heure de M. Bourassa, le leader du nationalisme canadien, l'homme qui représente là-bas les vieilles espérances et les antiques traditions du parti français. J'ai l'honneur de connaître M. Bourassa. C'est un Français de pure race, sa langue est la nôtre, ses traditions sont françaises. Eh bien, croyez-vous que par l'éducation politique cet homme distingué soit un Français ? Pas du tout. Croyez-vous qu'il soit un disciple de nos grands orateurs ou de nos grands hommes d'État ? Sans doute il les connaît, il les admire, mais au fond ce n'est pas chez eux qu'il cherche ses vraies inspirations politiques. Lorsqu'il se laisse aller à ses véritables préférences, lorsqu'il revient aux choses qui ont frappé sa jeunesse, aux méthodes qui ont formé le commencement de son âge mûr, eh bien, c'est toujours à Londres que sa pensée revient. C'est Gladstone, ce sont les grands libéraux amis de la liberté, ce sont les grands conservateurs amis de l'Empire et de la puissance anglaise, qui ont frappé son imagination ! Chose étonnante ! cet homme qui représente la politique française au Canada, je n'en connais pas qui admire plus la politique anglaise. Admirons cette Angleterre qui a su conquérir ses adversaires eux-mêmes et en faire, presque malgré eux, ses amis et ses admirateurs.

Messieurs, vous voyez, dans ces conditions, que Londres peut aisément lutter contre Washington. Mais du côté de Londres il y a aussi des inconvénients, et très vite les Canadiens, lorsque les Anglais veulent leur rappeler qu'il y a un lien colonial, sentent où le bât les blesse. Ils sont enchantés d'être unis à l'Angleterre, mais ils ne veulent pas sentir le trait! L'idéal serait pour eux, sans rien changer au droit, d'avoir *de fait* une pleine indépendance. Je ne sais pas si les Canadiens ratifieraient le mot, parce qu'ils ne l'avoueraient pas volontiers ; mais je sais bien que c'est le mot qui exprime en somme leurs véritables desiderata.

Lors donc que les impérialistes veulent un peu trop tirer sur la corde, en resserrant à l'excès le lien colonial, il y a comme un petit recul et de nouveau les Canadiens se sentent entraînés vers les États-Unis. De telle façon que toute l'histoire du Canada, c'est en quelque sorte cette balance : aller vers l'Angleterre, retourner vers les États-Unis, revenir à l'Angleterre.

Je crois, Messieurs, pour conclure cette première partie de mon discours, que cette balance, c'est le salut même du Canada. La force véritable du Canada, c'est justement de se trouver entre deux nations très puissantes qui, chacune tour à tour, savent la défendre contre les ambitions excessives de l'autre. Cet équilibre, en réalité, a si bien résisté que voilà plus de cent ans qu'il dure et je crois bien qu'il durera plus de cent ans encore. (*Applaudissements.*)

Je me trouve maintenant à pied d'œuvre, aux portes mêmes de l'impérialisme. L'impérialisme, c'est une certaine conception du lien colonial qui tend à insister sur son côté centralisation et à former en quelque sorte un faisceau de toutes les colonies britanniques pour renforcer encore leur puissance et l'efficacité de leur commune action. C'est là une conception grandiose qui, par son ampleur, rappelle celle de l'Empire romain. Mais elle a ses mauvais côtés.

Il faut examiner d'abord si elle est compatible avec les principes d'autonomie coloniale auxquels je vous disais tout à l'heure que les Canadiens sont si fermement attachés. Nous allons discuter cette question à fond et en détail, en envisageant tour à tour l'impérialisme sous ses trois aspects essentiels : économique, militaire et politique.

*
* *

Commençons par le côté économique, qui se trouve précisément à l'ordre du jour par suite de la négociation récente d'une entente commerciale entre le Canada et les États-Unis, entente commerciale qui a soulevé une profonde et légitime inquiétude dans les milieux impérialistes anglais.

Je ne vous étonnerai pas en vous disant que le côté économique de l'impérialisme est considéré par les impérialistes eux-mêmes comme le plus important. Réunir toutes les forces de production et de consommation de l'Empire en une seule Puissance économique et presque en une seule Puissance douanière, c'est assurément un idéal très beau encore que bien difficilement réalisable.

Je ne vous étonnerai pas davange en vous disant que sans doute — car on ne peut pas exactement le prouver — c'est par l'impérialisme que M. Chamberlain est arrivé au protectionnisme, se rendant très bien compte que l'impérialisme économique ne serait jamais une réalité tant que l'Angleterre ne serait pas devenue protectionniste. Une Angleterre libre-échangiste ne pourrait jamais en effet donner des tarifs préférentiels à ses colonies. Donc, il est impossible d'exagérer l'importance du point de vue économique dans l'impérialisme britannique.

Vous me permettrez de vous résumer en quelques mots l'histoire économique et douanière du Canada depuis un quart de siècle. Vous verrez alors se manifester très nettement les différentes tendances qu'a subies tour à tour le Canada.

N'allez pas croire qu'il y a trente ans le Canada fût extrêmement fidèle à l'Angleterre. Assurément, les conservateurs conduits par Sir John Macdonald avaient pour programme le protectionnisme et un certain nationalisme canadien. Mais les libéraux réclamaient le libre-échange complet. Ils voulaient le « free trade comme en Angleterre », disaient-ils, et leur idéal c'était une entente économique complète avec les États-Unis, avec l'arrière-pensée chez beaucoup d'entre eux qu'un jour, pas très lointain peut-être, les deux nations n'en feraient qu'une. M. Laurier était alors chef du parti libéral. Si je dis ceci, c'est pour bien montrer que les idées impérialistes au Canada ne sont pas extrêmement anciennes et qu'elles n'ont pas toujours réuni l'unanimité des Canadiens.

Il arriva que M. Laurier, lorsqu'il prit le pouvoir en 1896, essaya de négocier une entente commerciale avec les États-Unis. Mais Mac-Kinley venait d'arriver à la Maison Blanche et Sir Wilfrid Laurier s'en retourna les mains vides.

C'est alors que par une de ces volte-faces charmantes comme les hommes politiques de tous les pays savent en faire et les coloniaux mieux encore que les autres, Sir Wilfrid Laurier tint à peu près ce langage : « Vous, États-Unis, vous n'avez pas voulu de nous! Eh bien nous irons de l'autre côté. » Saisissez-vous sur le vif l'immense avantage qu'il y a pour le Canada à se trouver entre deux nations très puissantes. Le Canada joue les

Don Juan : il fait la coquette et obtient de l'un ce que l'autre lui a refusé.

M. Laurier se tourna donc vers l'Angleterre et lui fit des avances. Le fameux tarif de 1897 appelé Tarif Fielding donnait, pour la première fois, un tarif de préférence à la mère-patrie : 12 p. 100 d'abord, deux années plus tard 25 p. 100 et une année plus tard 33 p. 100. L'enthousiasme à Londres fut énorme. C'était le moment où le Jubilé de la reine Victoria avait lieu. La joie impériale éclatait dans toute l'Angleterre et les impérialistes saluèrent le tarif de ce cri : « Mais c'est la fédération impériale qui commence ! »

Les Anglais, plus exactement les impérialistes — et cela leur arrive souvent — exagéraient. Ce n'était pas la fédération impériale. Si vous voulez que nous regardions froidement les choses, vous verrez même que ce n'était pas du tout la fédération impériale.

Certes, les Anglais obtenaient une préférence de 33 p. 100, ce qui est notable, mais le Canada demeurait protectionniste, et il demeurait protectionniste contre l'Angleterre elle-même. Les produits anglais n'entraient pas en franchise ; ils continuaient à payer un droit considérable. A ce moment, le Canada, qui restait protectionniste, ne se souciait nullement de faire avec l'Angleterre ce que l'on appelait alors le libre-échange intercolonial.

En réalité la pensée canadienne était la suivante :

prohibitionnisme contre tout le monde, protectionnisme contre l'Angleterre. Et l'on ajoutait sans rire : « Nous vous donnons encore la préférence. » Vous voyez donc qu'on était extrêmement loin de l'idée du libre-échange intercolonial.

Les Anglais cependant se disaient satisfaits ; mais les Canadiens voulaient obtenir de l'Angleterre une réponse ; on ne tarda pas à discerner qu'ils avaient donné ce tarif de faveur à l'Angleterre avec l'idée qu'ils pourraient obtenir en échange un traitement de faveur sur le marché britannique. Mais lorsqu'un peuple est libre-échangiste il n'a rien à donner; lorsqu'un peuple n'a pas de tarifs de douane, il lui est impossible de faire un tarif de préférence. C'est ce que les Anglais faisaient valoir auprès des Canadiens et c'est, je crois, une des principales raisons qui portèrent M. Chamberlain à se lancer dans le protectionnisme.

Aussi, lorsqu'en 1903 le ministre des colonies abandonna son portefeuille pour se faire le champion du protectionnisme dans l'Empire, éveilla-t-il au Canada des espérances immenses et les Canadiens à leur tour se dirent : « Nous avons donné cette préférence, peut-être allons-nous pouvoir en obtenir une autre de notre côté. »

Messieurs, les événements ne favorisèrent ni les impérialistes, ni les protectionnistes ; aux élections de 1905, les impérialistes furent battus à plates coutures et le protectionnisme n'obtint aucun succès. Les Canadiens alors commencèrent à dire en se tournant vers Chamberlain : « Belle Philis, on désespère... » Ils avaient espéré pendant cinq ans, mais cinq ans, c'est très long. Changeant alors de raisonnement, ils pensèrent : « Nous ne pouvons attendre indéfiniment que les Anglais se fassent protectionnistes, faisons une politique qui nous soit propre. »

C'est alors que M. Fielding élabora son second tarif, en 1906. Le ministre des finances créait quatre compartiments : un tarif spécialement préférentiel pour les Anglais et qui n'était réservé qu'aux Anglais. En second lieu, un tarif, dit intermédiaire, qui était réservé aux nations avec lesquelles le Canada nouerait une entente — c'était le tarif des traités de commerce. En troisième lieu, un tarif général qui était réservé à tout le monde. En quatrième lieu, un tarif de représailles qui était réservé aux nations avec lesquelles le Canada se trouverait en état de rupture économique.

Messieurs, que signifie ce tarif? Ou bien il ne signifie rien du tout, ou bien il indique nettement l'intention qu'avaient dès ce moment les Canadiens de faire une politique de traités de commerce, car dès l'instant qu'ils faisaient un tarif intermédiaire, c'était sans doute pour s'en servir. Ils ne tardèrent pas en effet à le faire. Dès 1907-1908, ils négocièrent avec la France, négociations qui aboutirent à la

« Convention de commerce de 1909 ». La France obtenait le tarif intermédiaire pour certains articles et de ce fait la préférence impériale se trouvait relativement diminuée.

Ce n'est pas tout. Hier encore, on a annoncé à Washington et à Ottawa que le Canada et les États-Unis s'étaient entendus pour faire un accord commercial d'après lequel le Canada et les États-Unis s'accorderaient mutuellement des avantages considérables, notamment l'entrée en franchise de part et d'autre pour un grand nombre de matières premières et de produits agricoles.

Plaçons-nous au point de vue impérialiste, qui seul nous intéresse ici. Je n'exagère pas en disant que ce dernier accord a soulevé presque un scandale parmi les impérialistes d'Angleterre. Lord Milner, le *Morning Post*, qui est le représentant des impérialistes, n'ont pas caché leur mécontentement. Dans le milieu chamberlainien, on a considéré un peu la convention française et beaucoup la convention américaine comme le choc le plus rude qu'ait subi l'impérialisme canadien et anglais depuis quinze ans.

A mon avis, ces deux conventions sont une mauvaise chose pour l'impérialisme, mais aussi bien l'impérialisme s'était flatté d'obtenir du Canada quelque chose qu'il ne pouvait pas en obtenir. Si vous aviez entendu, il y a sept, huit ou neuf ans, les impérialistes intransigeants, et que vous eussiez vu le fond de leur pensée, vous auriez constaté qu'ils espéraient obtenir, d'une façon ou d'une autre, une manière de libre-échange intercolonial entre les colonies et l'Empire.

Or jamais les Canadiens ne renonceront à leurs tarifs, jamais ils ne renonceront au droit qu'ils ont actuellement d'inscrire leurs tarifs comme ils l'entendent et si chaque fois que le Canada négocie un traité de commerce avec une nation, les impérialistes viennent faire une sorte de scène de jalousie comme celle qu'ils viennent de faire à propos de l'accord américain, je crois qu'ils rendent à l'impérialisme ou plus exactement à l'Empire le plus mauvais service possible.

Je crois, quant à moi, que le véritable impérialisme anglo-saxon ne se développera que dans la pleine liberté des contractants et que s'il doit y avoir des scènes et des reproches, l'impérialisme nouveau jeu ne vaudra pas le grand impérialisme qui dure depuis cent ans et qui a fait la prospérité de l'Angleterre et des colonies.

Voilà où nous en sommes : le Canada se trouve actuellement donner une préférence à l'Angleterre, des conditions favorables à d'autres nations. Que pouvons-nous donc attendre, dans un bref avenir, pour l'impérialisme économique? A mon humble avis, pas grand'chose. Il est possible que la préférence en faveur de l'Angleterre soit encore augmentée. Il est possible même qu'elle soit consolidée et devienne en quelque sorte statutaire dans le tarif canadien. Mais il est vain d'espérer que le Canada s'interdise de nouer des ententes commerciales avec d'autres pays que la mère-patrie. Il le fera d'autant moins que les producteurs agricoles de l'Ouest sont en train de devenir complètement libre-échangistes.

Que l'Angleterre fasse donc attention, car si elle voulait, même par une simple contrainte morale, retenir le Canada sur la voie où il désire s'engager, elle irait à l'encontre même de la politique impérialiste. L'impérialisme économique ne saurait comporter uniquement un tête-à-tête entre métropole et colonie, et pour le moment nous n'envisageons pas comme possible autre chose qu'une politique d'inter-préférence douanière.

* * *

Messieurs, je passe maintenant au second aspect de l'impérialisme, à l'aspect militaire. Celui-ci est peut-être encore plus curieux que le côté économique et cela pour des raisons que vous allez très bien comprendre quand vous m'aurez suivi pendant quelques instants.

Il y a quinze, vingt ans, les Canadiens ne contribuaient pas à la défense impériale, ils avaient quelques troupes de police montée, à peine quelques petits vaisseaux de guerre, et ils entendaient bien qu'ils seraient défendus par l'Angleterre s'il y avait conflit, mais qu'eux ne se mêleraient pas des affaires de l'Angleterre. C'était un peu la situation d'un fils qui demeure chez son père et qui trouve tout naturel de ne payer ni le loyer, ni la nourriture, ni le blanchissage; c'était la situation d'une colonie qui n'est pas encore arrivée à l'état adulte. Mais il y a douze ans, ou plus exactement onze ans, un curieux événement s'est produit, un événement qui a modifié du tout au tout la situation des colonies vis-à-vis de la mère-patrie, c'est la guerre du Transvaal.

Je n'ai pas à vous la raconter, vous la connaissez, mais je puis vous rappeler que la déclaration de guerre souleva dans tout le monde britannique et particulièrement chez les coloniaux un enthousiasme immense et irraisonné. Les Anglais d'Australie, du Canada, de l'Afrique du Sud, déclaraient : « Nous allons montrer au monde ce qu'est l'unité impériale. »

M. Laurier, au Canada, ce trouva en face d'un mouvement quasi irrésistible. Il était, lui Français, premier ministre d'une colonie anglaise et on lui demandait de faire une politique impérialiste, car à vrai dire c'était une politique strictement impérialiste que de collaborer à la guerre de l'Afrique du Sud, qui n'intéressait en rien le Canada. Sir Wilfrid

Laurier fut très embarrassé : s'il cédait aux Anglais, il avait contre lui tous les Français de la province de Québec ; il risquait de mettre son ministère en péril, lui dont la majorité ce composait pour un tiers de Canadiens français, et ce n'était pas le côté le plus grave. S'il cédait, il risquait de créer pour l'avenir un précédent infiniment grave, car il se doutait bien que dans les guerres futures, l'Angleterre ne manquerait pas de dire aux Canadiens : « Refaites ce que vous avez fait en 1899. » Sir Wilfrid Laurier qui est en même temps qu'un politicien plein de tact un homme d'État de haute envergure, pensa en lui-même qu'il n'avait pas le droit d'engager le Canada pour l'avenir. Et cependant les Anglais étaient à sa porte qui le talonnaient, qui, de jour en jour, d'heure en heure, venaient lui dire : « Est-ce que vous ne faites pas quelque chose ? Est-ce que vous n'envoyez pas des troupes ? »

Il était dans une des situations les plus difficiles que puisse connaître un homme politique, mais il s'en tira avec une habileté suprême : Il déclara que des volontaires canadiens seraient autorisés à partir, que le gouvernement canadien paierait leur équipement et les frais de transport, mais qu'une fois ces troupes parvenues dans l'Afrique du Sud, elles seraient incorporées dans l'armée britannique, après quoi le gouvernement canadien ne les connaîtrait plus. Et il ajouta, pour bien mettre les points sur les *i*, que le gouvernement canadien ne se considérait pas comme lié pour l'avenir.

En faisant cela, il donnait satisfaction à la population anglaise puisque des volontaires canadiens partaient pour l'Afrique du Sud, et il réservait en même temps l'avenir puisqu'il déclarait que ce n'était pas un précédent. Voyez, Messieurs, l'élégance de cette solution qui ménageait à la fois tous les points de vue.

Comme il arrive toujours naturellement en pareil cas, Sir Wilfrid Laurier fut accusé à droite et à gauche ; il fut attaqué par les Anglais qui trouvaient qu'il n'en faisait pas assez, et par les Français qui trouvaient qu'il en faisait beaucoup trop. M. Bourassa fit contre lui une campagne ardente, on peut dire le mot, déclarant que Laurier était en quelque sorte tombé dans les rets de Chamberlain, qu'il ne s'en tirerait pas, que le Canada était engagé dans une politique militariste absolument contraire à ses traditions et à sa nature. M. Bourassa fit même une chose fort belle, il donna sa démission de député exprès pour se représenter devant ses électeurs et pour se faire donner un blanc-seing par ceux qui l'avaient envoyé au Parlement. Les électeurs lui donnèrent raison, ce qui n'empêcha pas que, deux ans plus tard, M. Laurier retrouvait la province de Québec unie comme un bloc pour lui réitirer sa confiance.

Quel était, dans cette contradiction apparente, le

sentiment des Canadiens français? Au fond, ils étaient tous, avec Bourassa, opposés à l'envoi des troupes dans l'Afrique du Sud. Mais, en gens très avisés, ils se disaient ceci : « Si nous votons contre Laurier, à quoi cela nous mènera-t-il? Nous avons un premier ministre français qui sera battu et demain nous aurons un premier ministre anglais; gardons le ministre français que nous avons et, à l'intérieur de nous-mêmes, faisons toutes les réserves que nous voulons ».

On voit ainsi le tempérament français se dessiner à merveille. C'est un tempérament à double face en quelque sorte : lorsqu'il se rallie à une politique d'opportunité, il s'appelle *Laurier*; lorsqu'il se laisse aller et qu'il livre toute son âme, il s'appelle *Bourassa*.

Maintenant, me demanderez-vous, qui personnifie le mieux l'âme française, Laurier ou Bourassa? Je répondrai que ce n'est ni l'un ni l'autre : c'est tour à tour l'un et l'autre. Les Français, là comme partout, peuvent avoir deux faces, une face de sagesse et une face d'instinct qui se laisse aller, mais presque toujours, avec les Français du Canada, après que l'âme s'est donnée libre cours, la sagesse reprend ses droits. C'est ainsi que les Canadiens français ont conservé M. Laurier, malgré l'affaire de l'Afrique du Sud, dans laquelle en somme ils n'étaient pas avec lui.

Dans quel état se trouvait le problème impérialiste au lendemain de la guerre du Transvaal? Messieurs, si vous m'avez bien suivi, vous devez reconnaître qu'il n'avait pas avancé d'un pas. M. Laurier avait contribué à la guerre du Transvaal dans des conditions singulièrement modestes et il avait si bien réservé l'avenir qu'en 1902, en 1905, en 1908, il y a deux ans encore, le principe même de la participation du Canada à une guerre impériale n'avait été ni envisagé, ni résolu.

Cependant, la question passionnait les impérialistes et lorsqu'en mars 1909, Sir Edward Grey fit un grand discours sur la question de la flotte impériale, déclarant qu'elle devait être reconstruite de fond en comble, il réussit à soulever dans les milieux coloniaux tout entiers, aussi bien en Australie qu'au Canada, un mouvement d'opinion pour étudier la question.

La Nouvelle Zélande déclara qu'elle donnerait une contribution en argent ou en vaisseaux; l'Australie déclara qu'elle construirait elle-même une flotte australienne qui, dans des circonstances données, pourrait contribuer à la défense impériale. Qu'allait faire le Canada?

J'aborde ici une des questions les plus délicates de la politique canadienne, à savoir celle de l'attitude du Canada en cas de guerre anglaise. Notez bien que la question ainsi posée a tout son poids et toute sa valeur parce que les Canadiens ne la discutent pas sous le coup d'une émotion subite ou en présence d'une guerre immédiate, mais en pleine paix et en quelque sorte doctrinalement pour l'avenir. Qu'ont-ils décidé ?

Trois politiques se sont aussitôt fait jour : celle de Sir Wilfrid Laurier, celle des conservateurs dirigés par M. Borden, celle des nationalistes français conduits par M. Bourassa.

M. Laurier, comme toujours, a trouvé la note intermédiaire, et sa politique peut se résumer comme suit : Le Canada renonce aux contributions en argent, il n'en veut pas ; il constituera lui-même sa flotte, il la construira, l'organisera, la gérera et la commandera. En cas de péril urgent pour l'Empire, en cas « *d'emergency* » — ce sont les termes mêmes de la loi — le Canada pourra, vous m'entendez bien : *pourra* mettre cette flotte à la disposition de l'Empire britannique pour prendre rang dans les forces impériales organisées. Vous voyez : c'est assez délicat, et il y a des réserves. Ainsi, pour que la flotte canadienne prenne part à une guerre de l'Empire britannique, il faudra qu'il y ait *péril urgent*. Mais cela ne suffira pas encore, car même dans le cas de péril urgent, il faudra encore que le Canada décide formellement de donner son secours.

Certains impérialistes ont trouvé cette attitude

déloyale, dans le sens anglais de «*disloyal*». Cela je ne puis l'admettre. Je vois très bien la pensée de Sir Wilfrid Laurier : il ne veut à aucun degré engager le Canada dans une sorte de traité; il veut que si une collaboration du Canada à une guerre britannique a lieu, cette collaboration soit toujours l'effet d'une volonté distincte et expressément indiquée. Il redoute surtout que le Dominion soit entraîné dans une guerre de l'Angleterre par une sorte de *casus fœderis*. Politique profondément sage et motivée par la plus pure tradition de l'autonomie coloniale !

On a beaucoup critiqué Sir Wilfrid Laurier : « Votre petite flotte, lui a objecté M. Borden, elle ne fera rien du tout ! Ce qu'il nous faut, c'est une flotte immense, une flotte impériale centralisée sous un commandement unique. »

Et comme on répondait à M. Borden que le Canada aurait bien peu de contrôle sur une flotte ainsi constituée, M. Borden qui sera peut-être premier ministre demain — de là le poids qu'il faut attacher à ses paroles — répondit par cette phrase singulièrement pleine de sens et de possibilités : « Si le Canada et les autres colonies doivent contribuer à la défense de l'Empire, est-il admissible un seul instant qu'elles le fassent sans avoir obtenu la moindre représentation dans les conseils impériaux qui décident de la paix ou de la guerre ? A mon avis ce serait intolérable. » Ainsi, de l'avis même de M. Borden, il est urgent d'envisager la représentation du Canada dans les conseils impériaux. Cette déclaration classe nettement M. Borden parmi les impérialistes.

J'arrive enfin au troisième point de vue, le point de vue nationaliste français. Pour le soutenir, M. Bourassa a parcouru la province de Québec, en faisant principalement porter sa campagne sur ce fait que le Canada ne devait pas en venir à la conscription et il déclara : « On vous parle de flotte, mais c'est de la conscription qu'on vous menace. On veut vous attirer dans une politique militariste qui n'est pas la vôtre. » Son éloquence passionnée s'exprimait ainsi :

« Quand les gros navires auront remplacé les petits, quand nous nous serons enferrés dans cette désastreuse politique dont Laurier et Borden sont les prophètes, quand cette politique aura pris tout son développement, un jour viendra où la conscription nous sera imposée. Alors, ce petit garçon que je vois devant moi, que vous, son père, vous envoyez à l'école pour y apprendre les lois humaines et divines, pour y devenir, comme ses ancêtres, un bon catholique et un bon canadien, ce petit garçon, dis-je, on vous l'enlèvera pour le mettre sous les armes, pour l'embarquer sur une flotte que vous n'aurez pas approuvée. Ce petit garçon, il ira verser son sang sur une terre étrangère, il sera éventré par des balles chinoises ou japonaises et alors votre femme, sa *mère*, se retournera, contre vous. »

Ce langage avait une immense puissance sur les Canadiens français ; ils retrouvaient le même homme qui leur avait dit : « N'envoyez pas de troupes au Transvaal, ce n'est pas votre place. » Et ce même homme venait leur dire : « Ne faites pas de politique impérialiste, ne faites pas de politique militaire, ce n'est pas votre affaire. Vous êtes Canadiens français, restez ce que vous êtes ; vous avez la faculté de vous développer librement, de grâce ne vous mêlez pas à l'engrenage de l'Empire anglais ! »

Comme en 1899, M. Bourassa fut partiellement suivi et dans une élection partielle qui est restée célèbre au Canada, à Drummond-Arthabaska, circonscription essentiellement française, le candidat de M. Laurier fut défait par le candidat de M. Bourassa. Immédiatement, de part et d'autre, on en tira des conséquences énormes et, à mon avis, exagérées ; car, Messieurs, après avoir cité des paroles passionnées, je vous demande la permission de revenir au langage de la froide observation.

Quel est le fond de la pensée de M. Bourassa ? A entendre certains Anglais, M. Bourassa est une sorte de traître. Eh bien, sérieusement, M. Bourassa n'est pas un traître. Il entend développer avant tout la civilisation française au Canada ; il tient avant tout à l'autonomie française des Canadiens. Mais, en même temps, c'est un citoyen loyal de l'Empire britannique. M. Bourassa défendrait le Canada et défendrait même l'Empire si l'Empire et le Canada étaient menacés. Cependant constatons une différence : M. Bourassa se mettra en mouvement pour la défense de l'Empire, mais à la dernière extrémité ; il ne le fera que si le trône lui-même est en péril. Alors, à ce moment, il sera prêt à marcher. Canadien, il saura faire le coup de feu, mais si on veut l'entraîner dans des guerres qui ne l'intéressent pas, si on lui dit : « Venez combattre au Transvaal » ou : « Donnez la flotte canadienne pour aller faire de la politique anglaise en Chine et au Japon », oh ! alors, ce *little Englander*, ou plutôt ce *little Canadian*, pour employer les termes de la politique britannique vous dira : « Pardon, cela ne me regarde pas. Je suis Canadien, j'appartiens à l'Empire britannique sans doute, mais pour le défendre ; je n'appartiens pas à l'Empire britannique pour participer à tous les éléments de sa politique. Je suis Canadien français et je reste dans mon coin. » Vous voyez que c'est une politique qui est assez sage au point de vue canadien français, et du reste je conçois qu'elle ne plaise pas aux Anglais.

Je ne sais pas si je me suis bien exprimé, mais si j'ai réussi à vous faire comprendre ma pensée, vous avez deviné qu'entre ces trois attitudes la différence n'est pas énorme. M. Borden, s'il était au pouvoir, ferait sans doute ce que fait aujourd'hui Sir Wilfrid Laurier, et si, par impossible, M. Bourassa était un jour premier ministre du Canada, je suis bien persuadé que, s'élevant immédiatement à la hauteur et à la responsabilité de ses fonctions, il serait amené à faire exactement la même politique que le premier ministre d'aujourd'hui, et cela pour une très simple raison, c'est que dans la circonstance donnée, il n'y a pour le Canada qu'une seule politique et cette politique, c'est la suivante : Défendre loyalement l'Empire britannique lorsqu'il est en péril, mais rester toujours maître de dire quand l'intervention doit avoir lieu.

Messieurs, je crois que si l'on s'en tient à cette politique, et je crois qu'on s'y tiendra certainement pendant les années qui vont suivre, si on s'en tient, dis-je, à cette politique, on servira très bien les intérêts du Canada et les intérêts de l'Empire.

Maintenant, si les impérialistes demandent davantage, qu'ils prennent garde ! Ils iront certainement à l'encontre des désirs profonds de la colonie. S'ils voulaient que le Canada crée une flotte pour servir non pas seulement sur les côtes canadiennes, mais dans toutes les circonstances, dans toutes les guerres que ferait l'Angleterre, ils blesseraient ce profond sentiment d'autonomie qui est au fond de l'esprit canadien. Là encore, comme dans la politique économique, il faut que les impérialistes soient extrêmement prudents s'ils veulent, je ne dis pas seulement développer, mais conserver ce qu'il y a d'impérialisme au Canada.

*
* *

Je suis amené maintenant au troisième aspect de l'impérialisme, à l'impérialisme politique : Comment est-il concevable?

Je vous avouerai à première vue — et c'est le sentiment qui est partagé par tous les coloniaux — que l'impérialisme purement politique se heurte à de sérieuses objections, parce que cet impérialisme, au point de vue politique, signifie centralisation. Or la centralisation est-elle compatible avec l'autonomie?

M. Laurier l'a dit bien souvent : « Le Canada est une nation. » Mais si l'on est de plus en plus une nation, on est de moins en moins une colonie, et depuis que j'étudie le Canada, c'est-à-dire depuis douze ans, j'ai toujours vu son évolution s'orienter vers plus de liberté, plus d'autonomie, plus d'indépendance. J'ai vu, par exemple, pendant ce court espace de temps de douze années, le Canada toujours disposé à nationaliser les services impériaux beaucoup plutôt qu'à impérialiser les services coloniaux. J'ai toujours vu le Canada désireux de prendre à lui et les pouvoirs et les responsabilités, et je ne l'ai jamais vu faire seulement un pas rétrograde dans cette voie.

En voulez-vous des exemples? Observez le langage du premier ministre. Il parlait encore il n'y a pas longtemps du « roi d'Angleterre, suzerain du Canada ». Et cette expression déplaisait aux impérialistes : ils y voyaient je ne sais qu'elle idée de séparation.

Le même Sir Wilfrid Laurier, et comme lui toute une partie de l'opinion canadienne, envisage avec une extrême faveur la nomination qui a été faite ce matin même, comme gouverneur général, du duc de Connaught, personnage de naissance royale qui représentera en quelque sorte le roi lui-même dans la colonie. Cela vous a comme un petir air d'union personnelle qui plaît tout à fait aux Canadiens. Mais est-ce l'impérialisme? Je n'en suis pas sûr du tout.

D'autre part, M. Laurier n'a pas craint — et c'est là une chose singulièrement grave — d'envisager comme désirable une représentation diplomatique directe pour les Canadiens. En fait de liberté, de discussion diplomatique, ils ont tout ce qu'ils veulent, ils discutent avec une entière liberté. Lorsqu'ils ont négocié le traité franco-canadien, ce sont des Canadiens qui sont venus à Paris, et je ne sais même pas si l'ambassade d'Angleterre s'en est directement mêlée. De même dans les négociations récentes entre le Canada et les États-Unis, les plénipotentiaires canadiens (je puis presque leur donner ce titre) ont joui en tout d'une parfaite indépendance.

Pourquoi, dans ces conditions, M. Laurier veut-il faire davantage encore et ne craint-il pas de tenir le langage suivant, qui est singulier : « Nous sommes une nation et nous avons les devoirs et les responsabilités d'une nation. Mais dans les conditions actuelles, nous ne pouvons avoir à Ottawa que des agents consulaires, munis par leurs gouvernements des seules fonctions commerciales. Cependant, par la force des choses, ces consuls sont devenus auprès de nous des agents semi-diplomatiques. Nombre d'entre eux ont réellement rempli au Canada des fonctions diplomatiques. Je crois que nous devrions tenter de définir légalement, tout au moins en quelque sorte officiellement, le statut des différents consuls résidant à Ottawa. Nous devrions nous entendre avec le gouvernement impérial pour que ces consuls se voient reconnaître chez nous une position semi-diplomatique. »

Reconnaissez ici un maître dans l'art de la parole. Il ne dit pas « diplomatique »; il ne dit pas « souveraineté » : il dit « suzeraineté de l'Angleterre » et « représentation semi-diplomatique ».

Mais, pour les gens qui savent voir, c'est la même chose, et j'en tire cette conséquence que le Canada veut être de plus en en plus indépendant. Il y a des mots qu'un politique ne doit pas dire. Quand il les dit, c'est erreur et manque de tact! Mais moi qui parle librement de la question, j'ai bien le droit, n'est-ce pas, de présenter les choses comme elles sont : or, c'est le mot d'indépendance qui indique la véritable tendance des Canadiens. Sans pour cela vouloir se séparer de l'Angleterre, ils entendent rester maîtres de leur lendemain, de leur surlendemain et de tout leur avenir.

Dans ces conditions, est-ce que l'impérialisme politique est bien compatible avec cette tendance?

D'abord, cette représentation du Canada dans les conseils impériaux, comment se fera-t-elle? Je sens très bien que les Canadiens sont désireux de dire leur mot dans les conseils impériaux, mais lorsque ces conseils impériaux, à la majorité, auront pris une décision qui obligera la Colonie je vois d'ici des Canadiens déclarer qu'ils ne veulent pas se soumettre, et je crains bien qu'ils ne veuillent considérer ces conseils impériaux un peu à la façon diplomatique, où ce n'est pas la majorité qui décide, mais l'unanimité. Dans de pareilles conditions, vous savez très bien qu'on ne fait rien du tout, et c'est une première difficulté.

En second lieu, cette habitude qu'on a depuis dix ans de considérer le Canada comme une nation rend singulièrement difficile le resserrement des liens, de telle sorte qu'il me semble que le problème politique de l'impérialisme ne se pose plus comme il se posait naguère. Il y a quinze ans, il s'agissait de fédérer des colonies, il s'agit maintenant de trouver un immense *modus vivendi* qui règle, d'une façon statutaire en quelque sorte, la position, l'indépendance, l'inter-dépendance de grandes nations comme l'Australie, le Canada, vis-à-vis de l'Angleterre. Je ne dirai pas que ce soit une chose impossible — il n'y a pas de chose impossible — mais c'est une chose extrêmement difficile, et j'espère bien avoir pu vous le faire comprendre.

*
* *

Maintenant, Messieurs, pour terminer, car l'heure s'avance, j'arrive à la tout à fait dernière partie de cette conférence, c'est-à-dire à la situation du Canada dans l'Amérique du Nord.

Le Canada étant une nation, il faut bien que le Canada ait une politique étrangère. Nous allons rapidement en analyser les éléments.

Les rapports avec la France sont d'une absolue clarté. La France ne nourrit vis-à-vis du Canada aucune ambition, et le fait récent de l'*entente cordiale* a donné plus de cordialité encore aux rapports des Français et des Canadiens. S'il n'y avait pour les Canadiens que la difficulté française, il n'y en aurait pas du tout.

Vis-à-vis des États-Unis, c'est autre chose. Il y a

des rapports économiques grandissants. Les rapports commerciaux entre les deux pays sont plus importants que les rapports commerciaux entre le Canada et l'Angleterre. Et d'autre part, la civilisation des États-Unis ne peut pas manquer de se faire sentir au Canada et de teinter le Canada de ses couleurs.

Dans ces conditions, il est évident que de plus en plus le Canada deviendra américain. Si les Anglais savent faire une bonne politique, il est probable que pour un temps indéfini les Canadiens resteront anglais. Pour moi, cela ne peut pas faire l'objet d'un seul doute, mais il faudra pour cela que les Anglais veillent bien à maintenir une double politique : Ne jamais mécontenter les Canadiens et ne jamais mécontenter les Américains, car s'il y avait un jour une brouille entre l'Amérique et l'Angleterre, il est bien évident, pour qui veut regarder les choses de sang-froid, que ni l'Angleterre, ni le Canada ne pourraient résister à l'immense puissance de cette nation de 90 millions d'habitants, la plus riche, sans doute, du globe. De telle sorte que c'est par la diplomatie et par la diplomatie seule que l'Angleterre et le Canada peuvent maintenir leur domination dans l'Amérique du Nord.

Mais il y a encore autre chose. Le Canada, en grandissant, a noué des rapports avec d'autres nations et, notamment sur le Pacifique, il se trouve aujourd'hui le voisin de peuples que naguère encore il ne connaissait pas : Chine, Russie, Japon. Il n'y a pas si longtemps que les États-Unis et le Canada ont eu maille à partir avec les Japonais et les Chinois. Vous savez que l'émigration japonaise s'était manifestée singulièrement dangereuse du côté de la Colombie britannique et vous savez qu'il a fallu toute la diplomatie de Sir Wilfrid Laurier pour trouver un règlement à la question. C'est ce qui vous explique que Sir Wilfrid Laurier, dans un récent discours, ait pu prononcer ces paroles singulièrement inquiétantes : « Je n'ai pas peur de la guerre entre l'Angleterre et les États-Unis, leurs civilisations sont trop avancées pour qu'on puisse rien imaginer de semblable. Elles ont trop d'intérêts communs pour risquer pareille chose, mais sur l'Océan Pacifique, où nous avons pour voisins la Russie, le Japon et la Chine, où une vaste humanité bouillonne et où se crée une civilisation, c'est autre chose. De ce côté-là, ce serait folie de dire qu'il n'y a « aucun danger de guerre à redouter ». Voilà donc le Canada qui, pour la première fois dans son histoire récente, redoute de se voir entraîné dans une guerre, non pas pour le compte de l'Angleterre, mais pour son propre compte. Et dans ces conditions, il se trouve encore une fois ramené vers l'Empire et il se rend compte mieux que jamais que, tout seul, il ne pourrait rien et que sa puissance vient du fait qu'il est étroitement lié avec l'Angleterre.

Voilà le problème posé. Je n'ose pas lui donner de solution. Cela dépasserait certainement et ma compétence, et mon autorité. Mais je voudrais, avant de terminer, vous indiquer qu'à mes yeux l'impérialisme, et même la stabilité de l'Empire britannique courent un réel danger si les impérialistes de demain ne savent pas se rendre compte des causes véritables qui ont fait la grandeur de l'Empire anglais. L'Empire anglais, du moins celui des colonies autonomes, n'a jamais été fait par la contrainte et par la force. Toutes les fois que les Anglais ont essayé de maintenir leur domination par les canons ou par la pression, ils y ont échoué ! Voyez la sécession des États-Unis d'Amérique ! Toutes les fois, au contraire, que les Anglais ont eu recours à cette doctrine de la liberté, à laquelle faisait allusion tout à l'heure le président de cette séance, ils ont obtenu d'admirables succès. C'est ainsi que sont nées ces belles colonies : le Canada, l'Australie, hier encore l'Afrique du Sud fédérée.

Je fais quant à moi le vœu — je le fais en ami et en admirateur profond de la civilisation anglaise — que les impérialistes de demain sachent comprendre les conditions véritables du développement de l'Empire. C'est en respectant la liberté et l'individualité de chacune des parties de l'Empire britannique qu'on augmentera la vie et qu'on multipliera la puissance de l'ensemble. Par une sorte de paradoxe, il se trouvera que les liens impériaux se trouveront resserrés dans la mesure même où on leur donnera plus de jeu. Si, comme les Anglais d'hier, les Anglais de demain savent comprendre cette profonde loi politique, la pérennité de l'Empire britannique me semble assurée dans l'Amérique du Nord, comme dans le reste du monde. (*Vifs applaudissements.*)

LE CANADA ET L'IMPÉRIALISME BRITANNIQUE

III

ALLOCUTION DE M. DENYS COCHIN

DE L'ACADÉMIE FRANÇAISE
DÉPUTÉ DE LA SEINE

MESSIEURS[1],

Je crois exprimer votre pensée à tous en remerciant M. André Siegfried de sa très belle conférence. Je l'ai entendue avec une véritable joie, d'abord parce qu'elle m'a appris beaucoup de choses et puis parce que, lorsqu'on est entré dans le rang des vétérans et qu'on aime son pays, on est heureux de voir poindre pour l'avenir de notre Parlement de jeunes hommes tels que M. André Siegfried.

Oui, j'ai été très frappé de la belle ordonnance de cette conférence et de l'étude poursuivie avec tant de maturité sur un sujet si étendu et si difficile. Quelle grande question et quelle question ardue que celle de l'impérialisme, dans un empire fait d'un assemblage de grandes nations, pour lesquelles on ne peut plus guère parler de dépendance envers la mère patrie ; mais pour lesquelles l'orateur a trouvé ce mot si heureux d'interdépendance.

J'ai été frappé en particulier de la partie purement

1. Allocution prononcée par M. Denys Cochin, le 30 janvier 1911.

politique de ce discours, et de la sagesse avec laquelle a été appréciée, devant la fougue du patriote Bourassa, la profonde raison de l'éminent homme d'État Laurier.

Avez-vous remarqué avec quelle justesse notre jeune conférencier affirmait qu'il était convaincu que, malgré toute la violence de son opposition, s'il arrivait au pouvoir, M. Bourassa serait probablement, par la force des choses, amené à agir à peu près comme M. Laurier? C'est une réflexion que, en entendant les tempêtes qui s'agitent entre les oppositions et le pouvoir, je me suis souvent faite aussi chez nous. (*Sourires.*)

Quant à vous, si vous me permettez d'émettre un vœu; quant à vous, jeunes gens, qui marcherez, vous aussi, pour l'avenir de notre Parlement sur les traces de votre émule, M. André Siegfried, si j'osais vous donner un conseil et vous faire savoir ce qui est demandé actuellement sur le marché politique, je vous dirais : « Je crois qu'il y a offre pour des Bourassa, mais qu'il y a demande pour quelques Laurier. » (*Rires, applaudissements.*)

Je ne veux pas en dire davantage. Je vous demande cependant pour M. André Siegfried et pour moi un petit remerciement : voici deux heures que nous parlons, lui surtout, du Canada, et ni l'un ni l'autre n'a prononcé le mot fameux : « Qu'importent quelques arpents de neige ? » C'est la première fois je pense que cette trop célèbre citation a été épargnée à un auditoire. Mais voici que je retombe dans le tort habituel. Il est temps de clore la séance. (*Vifs applaudissements.*)

LE CANAL DE PANAMA

I

CONFÉRENCE DE M. PAUL DE ROUSIERS

PROFESSEUR A L'ÉCOLE DES SCIENCES POLITIQUES
SECRÉTAIRE GÉNÉRAL DU COMITÉ DES ARMATEURS DE FRANCE

MESSIEURS[1],

Le percement de l'isthme de Panama soulève des problèmes si nombreux et si complexes qu'avant de traiter la question du canal dans un court entretien, il est indispensable de préciser à quel point de vue, forcément restreint, je l'ai étudiée. Je laisserai de côté d'abord le point de vue technique, malgré le grand intérêt qu'il peut offrir, en raison de mon incompétence complète. Je laisserai également de côté le point de vue militaire, dont je comprends pourtant l'immense importance pour les États-Unis. M. l'amiral Fournier, sous la présidence duquel j'ai l'honneur de parler, sera mieux à même que qui que ce soit de traiter cet aspect de la question.

Je me renfermerai donc dans l'examen de l'aspect économique du problème. Encore, dans cette sphère limitée, serai-je loin d'embrasser tout le sujet. Le percement de l'isthme est entrepris aujourd'hui, non plus par une compagnie privée, mais par un gouvernement, le gouvernement fédéral des États-Unis. Il

1. Conférence faite par M. Paul de Rousiers, le 20 février 1911.

importe donc assez peu de savoir si les deux milliards de francs qu'il lui consacre trouveront, dans l'importance du trafic du canal et dans les taxes imposées aux navires qui le traverseront, une rémunération infime, insuffisante ou avantageuse. C'était là un calcul utile autrefois ; il n'offre plus d'intérêt maintenant. Lorsqu'un État décide d'établir des ponts, des routes, des réseaux de chemins de fer, il sait fort bien que les sommes consacrées à ces créations ne seront pas productives de rémunérations immédiates et directes ; l'effort financier qu'il fait vise un intérêt général, des profits éloignés et difficiles à préciser. En d'autres termes, les États-Unis ne creusent pas le canal de Panama pour gagner de l'argent, mais en vue d'un intérêt national que nous nous efforcerons de dégager. Dès à présent, il est intéressant de noter que le gouvernement fédéral des États-Unis n'a pas pour habitude d'entreprendre de grands travaux publics. Débarrassé d'une foule de questions par le gouvernement de chaque État séparé, il pourvoit uniquement à la défense nationale, aux relations internationales, aux services des douanes et des postes. C'est donc une innovation particulièrement notable qu'il ait pris en mains l'exécution du canal de Panama. Rien ne marque mieux le caractère général exceptionnel de l'intérêt qu'il lui reconnaît ; rien ne caractérise aussi clairement la tendance impérialiste que manifeste cette décision. Et nous verrons, en effet, que l'intervention directe de l'État fédéral, dans la question de Panama, est un coup de barre sérieux dans le sens de l'impérialisme américain, je dirais volontiers de l'impérialisme panaméricain.

*
* *

La première question que nous ayons à nous poser est celle de savoir quelle sera l'étendue des droits des États-Unis sur le canal, lorsqu'ils auront achevé son creusement et qu'ils le mettront en exploitation. Il est utile pour cela d'examiner les différents traités intervenus entre les États-Unis d'une part et les autres puissances intéressées, d'autre part. Il est nécessaire de remonter assez loin pour commencer cet examen. On peut dire, en effet, que, depuis près d'un siècle, le gouvernement des États-Unis n'a jamais perdu de vue l'éventualité d'un canal réunissant l'Atlantique et le Pacifique. Dès le 3 octobre 1824, un traité d'amitié intervenait entre les États-Unis et la Colombie, sans contenir d'ailleurs aucune mention du canal de Panama : « Il y aura une paix parfaite, solide et inviolable et une amitié sincère entre les États-Unis d'Amérique et la république de Colombie, etc[1]... » Cette déclaration

1. Pour le texte des divers traités cités, voir l'ouvrage de M. Edouard Tavernier : *Les États-Unis et Panama.*

platonique n'a de sens que parce qu'elle implique la possibilité pour les États-Unis d'intervenir dans le cas où une puissance étrangère entreprendrait, sur le territoire de la Colombie, le percement de l'isthme de Panama. C'est le premier pas, encore bien timide, de la marche à l'impérialisme à laquelle nous allons assister. Les États-Unis n'ont pas encore la puissance nécessaire pour entreprendre eux-mêmes le percement de l'isthme; peut-être même n'y songent-ils pas, mais ils prennent leurs précautions pour qu'aucune puissance ne puisse exécuter ce projet sans leur intervention.

Une vingtaine d'années plus tard, un traité est signé, le 12 décembre 1846, entre un agent diplomatique des États-Unis et le gouvernement de la Nouvelle-Grenade. En 1831, la république de Colombie avait subi une division et le territoire de Panama était passé sous la domination de la Nouvelle-Grenade. C'est donc avec celle-ci qu'il importe désormais de s'entendre. Les États-Unis garantissent à la Nouvelle-Grenade la parfaite neutralité de l'isthme de Panama « afin que le libre transit d'une mer à l'autre ne puisse être interrompu ni entravé dans l'avenir ». D'autre part, les États-Unis garantissent également les droits de souveraineté et de propriété à la Nouvelle-Grenade sur ledit territoire. Ici, l'intention des États-Unis se dessine d'une façon plus claire, trop claire même, car le gouvernement fédéral, redoutant des complications diplomatiques du côté de l'Angleterre, s'abstient de ratifier ce traité. Il en est de même du traité du 21 juin 1849 passé avec le Nicaragua et reconnaissant aux États-Unis le droit exclusif de construire un canal de l'Atlantique au Pacifique en empruntant le territoire de cet État. Les États-Unis se rendent compte que les traités passés avec les États du Centre-Amérique ne pourront avoir véritablement de portée pratique que si la Grande-Bretagne leur donne son adhésion. L'effort des États-Unis se porte donc de ce côté et aboutit au traité Clayton-Buwler du 17 avril 1850.

Par ce traité, les États-Unis comme l'Angleterre s'interdisent de faire le canal au compte de l'un ou de l'autre de ces deux États : « Ni l'un ni l'autre n'établira jamais ou ne conservera pour lui-même la domination exclusive du canal ; aucun n'élèvera jamais aucune fortification sur le canal ou dans le voisinage ; ils n'occuperont, ou ne fortifieront, ou ne coloniseront, ou n'assumeront, ou n'exerceront aucune domination sur Nicaragua, Costa-Rica, Mosquitos ou quelque partie que ce soit de l'Amérique Centrale... » Le traité Clayton-Buwler marque en somme l'équilibre qui existait à ce moment entre la puissance de l'Angleterre et celle des États-Unis dans l'Amérique Centrale. Les États-Unis, il est vrai, paraissaient s'interdire à tout jamais le percement de l'isthme ; mais, d'autre part, ils écartaient la possibilité de ce percement par l'Angleterre, et c'était là un résultat important pour leur politique. Pendant cinquante ans, le traité Clayton-Buwler réglera les relations de l'Angleterre et des États-Unis relativement au canal de Panama.

En 1881, un événement inattendu vient changer la face des choses. Un homme, avec le seul prestige de son nom, entreprend de mener à bien l'œuvre colossale du percement de l'isthme, sans la garantie financière ni le secours d'aucun État. La Compagnie interocéanique du canal de Panama est fondée. L'émotion fut vive aux États-Unis ; mais on se rendit vite compte que la durée de l'entreprise, la nécessité de rémunérer les capitaux considérables auxquels on avait fait appel longtemps avant que l'exploitation ne pût fournir aucune recette, viendraient faire obstacle au succès de l'affaire. Et, en effet, sur les 1.259 millions qui furent versés, d'après le rapport du liquidateur, à la Compagnie de Panama, 238 millions avaient déjà fait retour aux actionnaires et obligataires au moment où la liquidation fut prononcée. On sait quelles pénibles circonstances accompagnèrent cette liquidation en 1889. Les États-Unis se trouvaient débarrassés du cauchemar qui les avait hantés au moment de la création de la Compagnie. Son succès eût fait échapper, en effet, à leur domination le canal interocéanique, et eût assuré effectivement, en même temps que sa neutralité en temps de guerre, sa libre ouverture à tous les pavillons.

A partir de la chute de la Compagnie de Panama, les États-Unis furent constamment préoccupés de la solution du problème. La guerre de Cuba fit ressortir, d'une façon claire, l'intérêt militaire qu'avait le gouvernement fédéral au percement de l'isthme. « La construction d'un canal interocéanique, disait le président Mac Kinley, dans son message de décembre 1898, est plus que jamais indispensable aux communications rapides entre nos rivages de l'Ouest et ceux de l'Est. Notre politique nationale exige, maintenant plus que jamais, que ce canal soit dominé par nous. » Ce n'était plus, on le voit, la timide allusion du traité de 1824, ni la promesse insérée dans le traité Clayton-Buwler, que les États-Unis n'entreprendraient pas le canal à leur compte. C'était l'annonce officielle que la situation se trouvait changée et que les États-Unis entendaient résoudre eux-mêmes le problème posé depuis si longtemps. La situation était du reste favorable pour obtenir des concessions de la part de l'Angleterre. L'immense effort que lui imposait la guerre du Transvaal détournait forcément sa politique de la question de Panama. Le 18 novembre 1901, le traité conclu entre M. Hay et lord Pauncefote, au nom des États-Unis et de la Grande-

Bretagne, abrogeait la convention de 1850 et prévoyait la construction du canal sous les auspices du gouvernement des États-Unis. Sans doute, le même traité stipulait que le canal serait libre et ouvert aux navires de commerce et de guerre de toutes les nations, sur un pied de parfaite égalité, « de telle sorte qu'il n'y ait aucune distinction faite à l'encontre d'une de ces nations, ses citoyens ou ses sujets, relativement aux conditions ou aux charges du trafic ou autrement » (art. 3). Mais les États-Unis devenaient seuls garants de ces promesses. Ils avaient le droit, non seulement de construire le canal, mais aussi de pourvoir à sa réglementation (art. 2). En un mot, ils étaient les maîtres chez eux, sous la condition de réserver la neutralité en temps de guerre et l'égalité de traitement économique en tous temps.

Il restait à s'assurer, d'une part, la cession des droits de la nouvelle Compagnie de Panama, constituée en 1894, à la suite de la liquidation de la Compagnie ancienne, et, d'autre part, la propriété d'un territoire suffisamment étendu le long du canal pour acquérir toute liberté d'action.

La première partie du problème devait être aisément résolue. En dépit des travaux considérables qu'elle avait accomplis, du matériel énorme qu'elle possédait, des droits qu'elle avait acquis sur le chemin de fer de Panama, etc..., la nouvelle Compagnie, abandonnée à ses propres forces par l'indifférence générale des États européens, se trouvait sans défense en présence d'un seul acquéreur possible. Elle céda l'ensemble de ses droits pour 200 millions de francs, alors que plus de la moitié de l'effort utile était déjà accompli et qu'un tiers environ du canal se trouvait achevé d'après le plan de la Compagnie.

Du côté de la Colombie, les États-Unis devaient rencontrer un obstacle plus difficile à surmonter. Le gouvernement de Colombie, se rendant compte que les États-Unis ne pouvaient pas se passer de son concours pour accomplir leur dessein, voulut mettre ce concours à un prix élevé. On sait comment une révolution opportune transféra à la République de Panama les droits de la Colombie sur le territoire du canal et permit à celle-ci de traiter, dès le lendemain de sa création, avec les États-Unis. Ce fut le traité Hay-Bunau-Varilla du 18 novembre 1903. La République de Panama concédait à perpétuité aux États-Unis l'usage et la domination de toutes les terres d'une zone de territoire de 10 milles de largeur, s'étendant à une distance de 5 milles de chaque côté de la ligne médiane du canal. En outre, elle leur concédait également l'usage, l'occupation et la domination de toutes autres terres et eaux en dehors de la zone ci-dessus décrite, pouvant être nécessaires à la construction, à l'entretien, à l'exploitation, au bon état sanitaire et à la protection du canal ou de tous les canaux auxiliaires, etc. Les États-Unis stipulaient, en outre, leur droit d'employer la force armée et d'établir des fortifications pour la sûreté ou la protection du canal. Aujourd'hui, par suite, l'étendue des droits des États-Unis sur le canal est facile à préciser. Ils ont réalisé, en pratique, la formule prématurée employée jadis par le président Grand, ancêtre de l'impérialisme : « Un canal américain appartenant au peuple américain, sur le sol américain. »

Il y a cependant une double réserve à faire, celle de la neutralité et celle de l'égalité de traitement des pavillons. La seconde seule rentre dans notre sujet.

Quelles que soient la clarté des textes et la précision des obligations qu'ils établissent à la charge des États-Unis, on est obligé de noter de quelle manière ceux-ci paraissent disposés à les interpréter. Voici, en effet, ce que nous trouvons dans le « Report of Navigation » adressé au ministre du Commerce fédéral à la date du 30 novembre 1910 (p. 9 du rapport). Après avoir indiqué un certain nombre de précédents d'après lesquels le trésor des États-Unis aurait remboursé aux navires américains certains droits ou taxes maritimes frappant dans les ports des États-Unis l'ensemble des pavillons, le « Commissionner of Navigation » invoque ces précédents à l'occasion des taxes de transit qui seront établies sur le canal de Panama et recommande l'adoption, à la prochaine session du Congrès, d'un bill tendant au remboursement des droits de passage dans le canal aux navires américains qui l'emprunteront. « Ce système, ajoute-t-il, est entièrement d'accord avec les obligations qui résultent de nos traités et en vertu desquelles nous devons accorder aux navires étrangers les mêmes traitements qu'aux navires américains. Si les gouvernements étrangers veulent rembourser les droits d'entrée et de sortie qui frappent leurs navires dans les ports des États-Unis, ils ont la faculté d'imiter notre 49e Congrès qui a prévu que ces droits seraient payés par le trésor lorsqu'ils frapperaient les armateurs des navires des États-Unis. » Au surplus, ajoute-t-il, « le remboursement des droits du canal de Suez, comme moyen employé pour favoriser la marine nationale, est un trait caractéristique de la politique de la Russie, de l'Autriche-Hongrie et de la Suède, et ce remboursement est assuré indirectement au moyen de primes accordées aux lignes postales par l'Allemagne, la France, la Hollande, le Japon, l'Italie et l'Espagne. Le montant des subsides accordés à la compagnie Peninsular and Oriental se trouve, comme par hasard, être presque exactement le montant de la somme qu'elle paye au canal de Suez, soit 1.600.000 dollars. »

Quelles que soient les réserves que nous devions faire sur ces interprétations, il y a là un fait qu'il importe de noter et de mettre en relief. Les États-Unis n'entendent pas seulement administrer le canal qu'ils construisent, établir pour le transit de ce canal les droits qui leur paraîtront justifiés ; mais ils annoncent officiellement l'intention de créer un traitement de faveur pour les navires de leur pavillon qui traverseront le canal.

*
* *

Nous avons à nous demander maintenant comment le percement du canal et sa mise en exploitation serviront la politique impérialiste de l'Amérique et pourront favoriser l'extension de son influence économique dans l'Amérique du Sud.

Le fait dominant est que le percement de l'isthme, qui constitue une coupure géographique entre les deux Amériques, créera entre elles un lien économique.

Il est très difficile de prévoir de quelle manière l'ouverture du canal affectera les grands courants mondiaux du trafic maritime, en particulier de préciser quels seront les éléments de concurrence entre le nouveau canal de Panama et le canal déjà existant de Suez.

Il faut reconnaître que, dans les conditions où les

Américains l'établissent, le canal de Panama pourra livrer passage aux plus grands navires. Il aura, en effet, 12^{m},50 de profondeur, alors que le projet français ne prévoyait que 8 mètres; sa largeur minimum sera de 300 pieds anglais (91^{m},45) et elle ne sera réduite à ce minimum que dans la tranchée de la Culebra, c'est-à-dire sur 30 kilomètres. La longueur totale du canal étant de 80 kilomètres, la largeur sera partout ailleurs de 300 mètres et, dans certaines parties, elle sera supérieure encore. Le projet français prévoyait un canal à niveau. Les Américains, pressés de mettre le canal en exploitation et effrayés du cubage énorme de terres à enlever pour réaliser un canal à niveau, avec 12^{m},50 de profondeur, ont prévu six paires d'écluses, de façon à relever le fond du canal d'une vingtaine de mètres environ dans la traversée de la Culebra. Ces écluses auront 305 mètres de longueur sur 33^{m},50 de largeur : elles sont faites, par conséquent, en prévision du navire de 300 mètres de long, qui n'est pas encore réalisé, mais vers lequel la construction navale tend en ce moment. On peut donc dire qu'aucun obstacle technique ne s'opposera au passage de grands navires par le canal de Panama. L'inconvénient résultant des écluses est évidemment sérieux; on prévoit cependant que les 80 kilomètres du canal pourront être franchis en douze heures.

Mais c'est une toute autre question de savoir si

les navires qui trafiquent entre l'Europe et l'Extrême-Orient ou entre l'Europe et l'Amérique auront avantage à passer par Suez ou par Panama. Plusieurs éléments de la concurrence qui s'établira entre les deux canaux font encore complètement défaut. On ne sait pas, en effet ce que coûtera le passage de Suez au moment où Panama sera ouvert, et on ignore complètement quelle sera la taxe du transit du canal de Panama. Des calculs ont été établis pour apprécier l'économie de distance que le canal de Panama pourra réaliser sur certaines destinations, par rapport au canal de Suez. On a fait état, par exemple, d'une différence de près de 700 milles entre la Nouvelle-Zélande et les ports du Nord de l'Europe au profit du trajet par Panama. Cette différence est tout à fait insignifiante. Un navire de vitesse mettra deux jours ou moins de deux jours pour la franchir. Cette économie de temps entrera très peu en ligne de compte, étant donné que le navire passant par Suez pourra desservir une foule d'escales, alors que le navire passant par Panama ne pourra en desservir qu'un nombre beaucoup plus restreint. D'autre part, un navire qui va en Nouvelle-Zélande dessert toujours l'Australie. Or, si on considère les ports de Melbourne et de Sydney, le parcours entre ces ports et les ports de l'Europe est sensiblement égal par les deux voies. Il est donc tout à fait vain de se livrer à des prévisions sur les résultats d'une concurrence dont on n'est pas actuellement en mesure de fixer les conditions.

Pour les relations de l'Europe avec les côtes américaines du Pacifique, l'avantage du percement de l'isthme de Panama, au point de vue des distances, apparaît plus clairement. A partir de Valparaiso, en effet, en remontant vers le Nord jusqu'à Vancouver, tous les ports du Sud, du Centre et du Nord de l'Amérique, sur le Pacifique, se trouveront sensiblement rapprochés de l'Europe par l'ouverture du canal. Il suffit de jeter les yeux sur une carte pour s'en rendre compte. Mais il n'est pas certain que toutes les marchandises qui font l'objet du trafic maritime entre ces ports et l'Europe soient en mesure de profiter de cet abrègement de parcours. Actuellement, par exemple, les ports à nitrates du Chili, Iquique, Antofagasta, etc., qui expédient sur l'Europe des cargaisons considérables, sont desservis presque uniquement par des voiliers. La raison en est, en premier lieu, que la longueur du parcours auquel ces cargaisons sont contraintes rend leur transport par vapeur trop coûteux. Cette première raison disparaîtra avec le percement de Panama, parce que des vapeurs pourront éviter le périple de l'Amérique du Sud et se diriger directement des ports à nitrates vers l'Europe par Panama. Mais l'emploi des voiliers au transport des nitrates du Chili a une autre cause que la longueur du parcours. Ces ports ne sont en réalité que des rades sans quai et sans outillage ; les navires qui les desservent sont obligés de s'ancrer à une assez grande distance de la côte et d'effectuer leurs chargements et leurs déchargements à l'aide de gabares et par les seuls moyens dont dispose le port. Par suite, ces opérations sont longues et obligent le navire à un séjour de plusieurs semaines. Il y a peu de chances que cette situation se modifie, car les gisements de nitrates se trouvant situés en longueur, parallèlement à la côte, leurs ports de chargement se déplacent au fur et à mesure de l'épuisement de chacun de ces gisements. Il n'y a donc pas eu intérêt, jusqu'ici, à établir sur un point de la côte un grand port outillé à la moderne et permettant l'accès des navires à quai. Dans ces conditions, la longue immobilisation du navire oblige l'armateur à employer un outil représentant un capital relativement peu élevé ; le voilier, beaucoup moins coûteux que le vapeur, peut supporter plus facilement cette immobilisation. On ne peut donc pas affirmer que l'ouverture de Panama fera cesser le transport des nitrates par voiliers.

Un raisonnement analogue s'applique à des éléments de fret importants fournis par les ports de l'Amérique du Nord sur le Pacifique. Ce sont, en effet, des voiliers qui enlèvent dans la région du Puget-Sound, à Tacoma, Seattle, Portland, lés blés et les bois qui constituent le trafic de ces ports. Et on ne saurait affirmer que les voiliers ne conserveront pas encore leur avantage pour ces transports, une fois le canal mis en exploitation. Sans doute, des services de vapeur s'établiront vraisemblablement entre l'Europe et San-Francisco par le canal de Panama; mais il serait tout à fait téméraire de prévoir que tout le trafic actuel des ports du Pacifique situés en Amérique au nord de Valparaiso se détournera de la voie actuellement employée pour se diriger sur le canal.

Si nous considérons, au contraire, les relations maritimes entre les ports de l'Atlantique américain et l'Extrême-Orient, il paraît évident que ces relations seront extrêmement développées par l'ouverture du canal. Sans pouvoir donner aucune précision sur le tonnage probable que ce trafic fournira au canal, on peut indiquer, dès à présent, un certain nombre de ses éléments futurs. Le port de Philadelphie expédie actuellement sur le Japon des quantités importantes de pétrole. Ces expéditions se font généralement par voiliers, en raison de l'immensité du parcours et du fret peu élevé que la marchandise peut supporter. Il est clair que la distance de Philadelphie à Yokohama se trouvera tellement réduite par le canal de Panama que les pétroles américains destinés au Japon prendront vraisemblablement cette voie. Le Japon étant tributaire de l'Europe ou de l'Amérique pour un grand nombre de produits métallurgiques, les États-Unis, subitement rapprochés du Japon, pourront concurrencer plus facilement sur son marché la métallurgie anglaise ou allemande. Jusqu'ici cette concurrence n'a pas été très vive, non seulement à cause de la difficulté des transports, mais aussi parce que les États-Unis ont absorbé eux-mêmes leur énorme production métallurgique. Il ne faut pas perdre de vue cependant qu'ils sont aujourd'hui les plus grands producteurs de fonte, les plus grands producteurs d'acier, et que, dans certaines catégories de machines, ils demeurent sans rivaux. Il peut donc y avoir dans les exportations américaines métallurgiques sur l'Extrême-Orient un énorme avenir pour le trafic de Panama.

Parmi les marchandises chères, il en est une également qui paraît devoir emprunter forcément la voie du canal ; c'est la soie. Le Japon est aujourd'hui le plus grand producteur de soie. En 1909, les exportations d'Extrême-Orient sur l'Europe représentent 15.720.000 kilogrammes sur une quantité totale de 24.200.000 kilogrammes mise à la disposition de l'industrie. D'autre part, la consommation de soie aux États-Unis a augmenté dans une proportion colossale depuis dix ans. Elle était de 3.700.000 kilogrammes en 1900, et elle a été de 10.038.000 kilogrammes en 1909, alors que les différents pays d'Europe en consommaient seulement, pendant la même année 1909, 14.003.000 kilogrammes[1]. Ainsi l'Extrême-Orient est actuellement le plus grand producteur de soie brute et les États-Unis les plus grands consommateurs de soie ouvrée. Le rapprochement des deux pays par le canal de Panama paraît devoir amener entre eux des relations directes, alors que jusqu'ici ces relations ont lieu principalement par l'intermédiaire des marchés européens de Milan et de Lyon.

On peut aussi prévoir un trafic assez important entre les ports américains de l'Atlantique Sud, Rio de Janeiro, Montevideo, Buenos-Aires, et les ports de l'Extrême-Orient et de l'Australie. Les cafés du Brésil, ses cacaos, ses caoutchoucs, par exemple, fourniront un élément à ce trafic.

Mais si, au lieu d'envisager les relations de l'Amérique de l'Ouest avec l'Extrême-Orient d'une part, ou les relations de l'Amérique de l'Est avec l'Europe d'autre part, on s'attache au trafic que le canal de Panama fera naître ou développera entre l'Amérique du Nord et l'Amérique du Sud, les résultats de l'ouverture du canal paraissent à la fois plus certains et plus importants.

Tout d'abord le cabotage des États-Unis entre

1. Rapport de M. Gaston Grandgeorge, président de la Commission des valeurs en douane de l'industrie textile pour 1909, p.3 et 11.

l'Atlantique et le Pacifique prendra vraisemblablement un essor qu'il n'a pas connu jusqu'ici. Actuellement, en effet, les statistiques américaines nous apprennent que ce genre de navigation n'a employé en 1908 que 215.907 tonneaux de jauge nette, chiffre tout à fait insignifiant, et qu'il est facile de s'expliquer si on considère la difficulté des relations maritimes entre New-York et San-Francisco, par exemple. Il en sera tout autrement lorsque cette navigation, au lieu d'imposer le périple de l'Amérique du Sud, s'effectuera par Panama. Et le trafic qui sera ainsi facilité peut se développer d'autant plus qu'à certains points de vue les côtes des États-Unis sur le Pacifique et sur l'Atlantique sont économiquement complémentaires, chacune d'elles fournissant des produits qui font défaut à l'autre. Qu'il nous suffise d'indiquer ici que la Pensylvanie, par exemple, ce grand centre de production houillière, métallurgique et pétrolière, peut envoyer en Californie et jusqu'aux ports du Puget-Sound des charbons, des fontes, des aciers, des machines, du pétrole, qui ne sont produits qu'en quantité très insuffisante sur toute cette côte. D'autre part, la Californie peut expédier sur les ports américains de l'Atlantique ses fruits, ses vins, qui y trouveront d'immenses marchés. Il y a donc là un gros élément de trafic pour le canal de Panama.

Examinons maintenant les relations probables

des ports de l'Atlantique nord américain et du golfe de Mexique avec ceux de la côte du Pacifique de l'Amérique du Sud. Ici encore l'Est des États-Unis expédiera certainement en grande quantité sur les ports du Pérou, du Chili, de la Bolivie et de l'Équateur, non seulement ses pétroles, ses fers et l'ensemble de ses produits fabriqués, mais principalement son charbon. Il ne faut pas oublier, en effet, que le charbon vaut couramment, dans les ports sud-américains du Pacifique, 80 francs la tonne, alors qu'il se tient généralement à Rio de Janeiro aux environs de 30 francs, et que, dans les ports de Baltimore et de Philadelphie, il tombe quelquefois à 10 francs la tonne. Sans doute, les exportations de houille des États-Unis sont encore très faibles. Il se passe pour la houille ce qui a lieu pour l'industrie métallurgique : les États-Unis absorbent leur énorme production. Il n'en est pas moins vrai qu'ils sont aujourd'hui de beaucoup les plus grands producteurs de houille. Ils en ont produit, en 1910, environ un demi-milliard de tonnes, alors que le monde entier en produisait 1.200.000.000 tonnes ; ils sont outillés, par conséquent, pour une exportation active de charbon.

En sens inverse, le Chili, par exemple, enverra, de plus en plus, sur les États-Unis du Sud et de l'Est, les nitrates qui forment déjà une partie importante de son trafic avec ces régions. L'avantage d'emprunter le canal de Panama pour ces transports sera d'autant plus grand qu'un tonnage important de nitrates est destiné actuellement aux pays desservis par les ports du golfe de Mexique, spécialement par la Nouvelle-Orléans. Les champs de coton de la Louisiane tendent, en effet, à s'épuiser par suite de la culture trop uniforme à laquelle ils sont soumis; il faut leur rendre la fécondité au moyen d'amendements artificiels, et l'incorporation des nitrates à ces terres est déjà d'une pratique tout à fait courante. Non loin de la Nouvelle-Orléans, un port de création relativement récente, Galveston, placé au Nord-Ouest du golfe de Mexique, s'est merveilleusement développé, grâce à l'immense arrière-pays qu'il dessert. Le Texas, l'Oklahoma, le Kansas, le Nébraska, le Colorado même, font partie de cet arrière-pays et leur mise en valeur fournit à Galveston des éléments toujours croissants de trafic. Galveston a exporté, en 1908, pour près d'un milliard de francs de marchandises. Il est le second port américain de l'Atlantique pour la valeur de ses exportations. L'énorme développement de Galveston jouera forcément un grand rôle dans le trafic futur du canal de Panama entre les États-Unis du Sud et les ports sud-américains du Pacifique.

Les relations entre les ports des États-Unis sur le Pacifique et les ports de l'Amérique du Sud sur l'Atlantique ne peuvent pas manquer non plus de fournir un élément important au trafic du canal. La Californie, par exemple, est économiquement complémentaire du Brésil pour une série de produits. Elle pourra lui envoyer facilement certains fruits et certains légumes que le climat tropical du Brésil se refuse à produire. Signalons, à titre d'exemple, que les pommes de terre ne sont pas cultivables au Brésil et que des chargements de ce légume sont expédiés d'Europe, de Bordeaux par exemple, à chaque saison. L'ouverture du canal de Panama permettra à la Californie et à toute la côte nord-américaine du Pacifique d'envoyer des produits de ce genre sur le Brésil. De son côté, le Brésil pourra expédier sur les ports nord-américains du Pacifique des produits tropicaux, qu'il fournit en assez grande quantité. Enfin, l'attirance réciproque de grands centres, tels que San-Francisco d'une part, Rio de Janeiro et Buenos-Aires d'autre part, donnera forcément lieu à des échanges importants sur une grande variété de marchandises.

Ces relations entre l'Amérique du Nord et l'Amérique du Sud seront d'autant plus développées que, depuis de longues années, les Américains du Nord font tous leurs efforts pour s'assurer des débouchés dans l'Amérique du Sud. On se souvient des ententes prématurées d'unions douanières, des Congrès panaméricains. Depuis lors, les Américains du

Nord ont cherché d'autres moyens de réaliser leur plan ; en particulier, ils ont multiplié dans une très large mesure, depuis 1891, leurs services maritimes subventionnés sur les différents ports de l'Amérique du Sud. Ils dépensent de ce chef, chaque année, plus de 18 millions de francs en subventions à des compagnies de navigation. Il n'est pas douteux que le percement de l'isthme de Panama ne se relie étroitement dans leur esprit aux visées lointaines, mais persévérantes, dont ces faits sont la manifestation.

*
* *

Il nous reste à examiner comment les Américains du Nord sont préparés, par l'état actuel de leur marine marchande, à tirer parti du canal de Panama. Il ne suffit pas en effet, pour que leur plan se réalise, qu'un trafic intense s'établisse entre l'Amérique du Nord et l'Amérique du Sud ; il faut encore que ce trafic profite à leur pavillon national.

Les appréciations qui ont cours sur la marine marchande américaine sont très différentes. Si on consulte les statistiques, on voit que la marine des États-Unis occupe le second rang dans la marine marchande mondiale. Son tonnage de jauge brute est, en effet, de 7 millions 1/2 de tonneaux. Les

États-Unis viennent immédiatement après l'Angleterre, dont le tonnage de jauge brute dépasse 18 millions de tonneaux. Il semble donc, à première vue, que la marine marchande américaine est suffisamment outillée pour desservir le commerce extérieur des États-Unis. Mais il n'en est rien. Les mêmes statistiques officielles nous apprennent, en effet, que le pavillon national a transporté seulement, en 1910, 8,7 p. 100 du tonnage des marchandises constituant son commerce extérieur maritime. Ce contraste s'explique par la composition de la flotte de commerce des États-Unis. Près de trois millions de tonneaux de jauge brute sont constitués par la flotte qui circule sur les grands lacs. Ce n'est pas là, à proprement parler, de la navigation maritime, mais plutôt de la navigation intérieure. Trois autres millions de tonneaux, en chiffres ronds, sont consacrés au cabotage entre les ports américains, cabotage qui est réservé par la loi des États-Unis au pavillon national. Il ne reste guère plus d'un million de tonneaux pour la navigation de concurrence, y compris le tonnage des Compagnies subventionnées. Ces constatations paraissent indiquer que le pavillon américain n'est pas actuellement en mesure de concurrencer les pavillons étrangers. Mais pour juger la situation en connaissance de cause, il faut savoir quelle en est l'origine et peser les motifs auxquels elle est due actuellement. Un rapide coup d'œil sur l'histoire de la marine marchande américaine est nécessaire à cet effet.

En 1860, l'ensemble des marines marchandes du monde constituait un tonnage total d'environ 15 millions de tonneaux de jauge brute, qui se divisait en trois parties presque égales. La Grande-Bretagne tenait la tête avec un peu plus de 5 millions de tonneaux; les États-Unis venaient ensuite avec un tonnage inférieur d'un demi-million environ. Les autres pavillons représentaient à eux tous 5 millions de tonneaux de jauge brute. Or, à ce moment, la navigation sur les lacs étant infiniment moins développée qu'aujourd'hui, ainsi que les relations de cabotage entre les différents ports américains, le pavillon des États-Unis occupait véritablement le second rang dans la navigation de concurrence et serrait de près le pavillon anglais. Cinq ans après, en 1865, à la suite de la guerre de Sécession, la flotte de commerce américaine était à peu près détruite. On pouvait penser cependant que ce n'était là qu'une des ruines causées par la terrible crise que le pays venait de traverser et que la marine marchande allait promptement se relever. Il n'en fut rien, et cela pour les raisons suivantes. En premier lieu, le système protectionniste outrancier, qui était le résultat du triomphe des États du Nord, portait un coup funeste à la marine marchande. Dans tout pays, en effet, un régime de douane tendant à entraver le trafic maritime porte sérieusement atteinte à la prospérité du pavillon national. En second lieu, une révolution s'était opérée dans la construction navale, par la substitution du navire en fer au navire en bois. Les États-Unis avaient, du temps de la construction en bois, un avantage considérable sur leurs rivaux; leur pays fournissait en effet, en immense quantité et à bon marché, des matériaux de premier choix. Lorsque les progrès de la métallurgie rendirent possible la construction métallique, celle-ci s'imposa par les avantages qu'elle offrait à l'armement. Les États-Unis se trouvèrent donc obligés, pour concurrencer les autres pavillons, de construire non plus une flotte en bois, mais une flotte en fer. Or, ils n'avaient à ce moment rien de ce qu'il fallait pour cela. Leur métallurgie était en enfance; elle produisait cher, et il leur aurait été impossible de se procurer à l'étranger les éléments des navires métalliques, sans acquitter des droits d'entrée énormes. Ajoutons, enfin, que l'armateur américain n'avait pas non plus la liberté d'acheter des navires à l'étranger; la loi des États-Unis ne permettant d'arborer le pavillon national qu'à un navire construit dans des chantiers américains. En troisième lieu, les capitaux, très rares à ce moment aux États-Unis, trouvaient des emplois extrêmement avantageux dans la construction des chemins de fer, la mise en valeur des terres nouvelles et l'essor général des forces productives du pays ; ils étaient détournés, par suite, de tout emploi dans une industrie où ils auraient été concurrencés par l'industrie étrangère.

Tel était l'ensemble des causes qui firent échec au renouvellement de la flotte américaine, au lendemain de la guerre de Sécession, et qui ont continué d'agir jusqu'ici avec assez d'intensité pour empêcher le pavillon américain de reprendre dans la navigation de concurrence le rang qu'il avait occupé jadis. Mais aujourd'hui les trois ordres de causes que nous venons d'indiquer n'agissent plus de la même manière ou avec la même intensité qu'à cette époque, déjà ancienne. Le protectionnisme caractérise encore le régime des États-Unis ; mais, par suite des circonstances économiques spéciales où il se trouve, le commerce extérieur maritime n'en a pas moins pris une ampleur considérable. Il fournit en effet, aujourd'hui, d'énormes cargaisons aux pavillons étrangers. En second lieu, la métallurgie américaine est devenue la plus puissante du monde. Si la construction navale des États-Unis n'est pas encore en mesure de lutter avec les chantiers anglais, c'est parce qu'elle n'a pas encore atteint l'importance de cette dernière et que, par suite, elle ne peut pas se livrer au même degré que les chantiers anglais à la construction des navires en série. Mais, dès à présent, les éléments de la construction navale peuvent être fournis aux chantiers américains dans des conditions avantageuses et il ne manque plus à ceux-ci que l'occasion de construire chaque année un tonnage élevé et de répéter, à un grand nombre d'exemplaires, un type de navire bien étudié. Les sacrifices considérables que l'État fédéral s'impose pour la création de lignes régulières subventionnées tendent à augmenter chaque année la masse des constructions navales américaines et à mettre les chantiers à même d'appliquer la construction en série, qui est le secret du succès de leurs rivaux. On voit combien la situation est différente aujourd'hui, à ce point de vue, de celle qu'elle était en 1865. En troisième lieu, la rareté des capitaux ne caractérise plus aujourd'hui, comme elle le faisait au lendemain de la guerre de Sécession, les marchés américains, et, d'autre part, les emplois si avantageux qu'offraient autrefois la création des chemins de fer et la mise en valeur des territoires nouveaux deviennent plus rares. Tout concourt, par conséquent, à permettre, dans un avenir peu éloigné, un relèvement sérieux de la puissance maritime commerciale des États-Unis. Et ce serait faire injure aux Américains que de douter qu'ils ne mettent à profit, pour activer ce relèvement, les circonstances exceptionnellement favorables que l'ouverture du canal de Panama et son exploitation par le Gouvernement fédéral lui-même vont faire naître.

Il semble donc bien établi que l'ouverture du canal de Panama doive être le point de départ d'un nouvel essor économique et maritime des États-Unis. Ce sont eux qui retireront le principal bénéfice de l'œuvre qu'ils ont entreprise et qu'il mèneront à bien. L'Amérique du Sud profitera beaucoup également de l'union économique plus étroite qui s'établira entre elle et les États-Unis ; mais il est à craindre que les relations de l'Europe avec les deux Amériques ne subissent un contre-coup fâcheux de la situation avantageuse que le percement de Panama créera pour les États-Unis et des privilèges qu'ils paraissent disposés à accorder à leur pavillon pour le transit du canal. On doit espérer que les États européens feront tous leurs efforts pour maintenir les stipulations précises des traités et notamment l'obligation qu'ont les États-Unis de donner un traitement égal à tous les pavillons, au point de vue des taxes à établir pour la traversée du canal. Si la France, si l'Europe elle-même, avait eu une vue claire de leurs intérêts généraux, elles auraient pu résoudre le problème d'une façon à la fois plus facile et plus sûre. Leur soutien aurait permis, en effet, la réalisation de la gigantesque entreprise de Ferdinand de Lesseps, imprudemment tentée avec des capitaux privés et sans aucun appui officiel. La neutralité et l'égalité de traitement des pavillons eût été alors la conséquence obligée et toute naturelle du caractère international de l'entreprise.

Et pourtant, il convient de rappeler qu'au moment de la liquidation de la Compagnie de Panama, aucun gouvernement n'aurait eu, en France, le pouvoir de venir à son aide ; il serait tombé immédiatement sous les attaques et les suspicions dont il aurait été l'objet. C'est que l'opinion publique, sur laquelle les gouvernements doivent toujours prendre leur point d'appui pour faire œuvre durable, n'avait pas, elle-même, une conception suffisante de l'intérêt général et mêlait à une question d'une portée internationale des préoccupations trop vives de politique intérieure. Il me sera permis, en terminant, de souhaiter que la jeunesse d'élite qui vient chercher une formation supérieure à l'École des sciences politiques fournisse dans l'avenir à l'opinion publique des guides ayant l'intelligence assez claire et le cœur assez haut, non seulement pour l'éclairer, mais aussi pour la maintenir au niveau des grands problèmes qui se posent parfois devant elle. Si une pareille élite s'était rencontrée il y a vingt ans, si une opinion publique plus ferme, moins nerveuse, avait régné, la grande entreprise de 1881 n'eût pas été abandonnée et celui que notre légèreté nationale se lassait d'entendre appeler si longtemps le grand Français serait resté toujours sans interruption, malgré des erreurs et des fautes que persone ne songe à nier, en dépit de tout, le grand Français ! (*Vifs applaudissements.*)

LE CANAL DE PANAMA

II

DISCOURS DE M. LE VICE-AMIRAL FOURNIER

Messieurs[1],

Mon premier devoir est de me faire l'interprète de vos sentiments, certainement unanimes, en remerciant et en félicitant M. le professeur de Rousiers de sa très belle conférence.

J'aurais grand plaisir même à vous laisser sous l'impression du charme que nous a causée à tous sa parole abondante, persuasive et élégante. Malheureusement, je me suis engagé, comme président, à donner une suite au tableau, si lumineusement tracé par l'éminent conférencier, de l'extension de la navigation commerciale américaine après l'ouverture du canal de Panama, en envisageant, à mon tour, mais cette fois dans une simple causerie, l'avenir de la flotte de guerre de la grande république des États-Unis, sœur de la nôtre, et dont la France suivra toujours avec sympathie les progrès de toutes natures.

Je vous dirai d'abord quelques mots du programme adopté, en principe, par M. le président Taft pour la défense du canal de Panama.

1. Discours prononcé par M. le vice-amiral Fournier, le 20 février 1911.

Un projet confiant la garde de ce canal exclusivement à des escadres de couverture fut avant tout écarté; il était impuissant contre des attaques par terre et aurait immobilisé une partie des forces navales consacrées à l'offensive.

Les conseillers militaires et maritimes du gouvernement tombèrent finalement d'accord sur le programme suivant : Un système de fortifications capables de résister au tir des plus forts vaisseaux serait construit aux deux extrémités du canal et comprendrait : 1° Un armement composé, en batteries de côtes, de 18 canons de 0,305 ; de 25 mortiers du même calibre ; et de 12 pièces de 0,150 ; 2° Une garnison permanente de dix-huit compagnies d'artillerie, d'un bataillon d'artillerie de coasts-guards, de quatre régiments d'infanterie, enfin d'un escadron de cavalerie.

En somme, ce programme apparaît dans son ensemble comme rationnel et indispensable et je n'aurais rien à en dire de plus, si mon rôle devait se borner, ce soir, à traiter cette question nécessairement technique et restreinte de la défense, sur place, du canal de Panama.

Mais ce rôle est en réalité plus complexe, car il comporte un sujet particulièrement délicat à étudier dans cette enceinte, sous la préoccupation obsédante de ne froisser aucune susceptibilité nationale parmi mes auditeurs et amis étrangers. Je me trouve en effet, à cet égard, dans la situation périlleuse d'un navigateur ayant à chercher sa route à travers un chenal sinueux, entre deux rives semées d'écueils. Quoi qu'il en soit, je vais tenter de vous montrer qu'à la suite du percement de l'isthme de Panama et surtout sous la pression de circonstances inévitables devant entraîner un développement progressif de la politique étrangère *impérialiste* des États-Unis d'Amérique, la flotte de ce grand pays sera conduite à s'élever, par un effort continu et prolongé, jusqu'à l'apogée de la puissance navale.

Le peuple américain cède depuis quelques années à des attractions irrésistibles vers l'Extrême-Orient. L'objectif de ses aspirations est l'immense Empire chinois avec son énorme clientèle de 400 millions d'habitants à conquérir, non par la force, mais par la persuasion et l'attrait des ressources, pour ainsi dire illimitées, que ses amis de l'autre côté du Pacifique peuvent mettre utilement à sa disposition, dans le but d'aider et de précipiter son évolution vers la civilisation européenne et la mise en valeur de toutes ses forces latentes. Que de mines à y découvrir et à exploiter, d'usines à y fonder, de voies de communication terrestres et fluviales à améliorer et à tracer, que de chemins de fer à construire, que de ports à creuser, de bases navales à organiser, que de trusts même à entreprendre, d'une rive à l'autre de l'Océan, dans ces immenses champs de production et de consommation à relier par les voies de mer!

De si attrayantes perspectives ne sont-elles pas, en effet, de nature à exciter au plus haut degré les convoitises d'un peuple jeune, ardent, entreprenant, animé de la fièvre des spéculations, et doué du génie des affaires?

N'a-t-il pas, de plus, sur tout autre, l'avantage d'être amplement outillé pour diriger et féconder la réforme économique et l'exploitation industrielle de ce vaste Empire de l'Extrême-Orient, étant servi même diplomatiquement par le principe de la *porte ouverte* qu'il n'a cessé de réclamer?

La Chine pourrait-elle, d'ailleurs, hésiter à ouvrir cette porte à deux battants au seul peuple ne lui ayant demandé aucune acquisition territoriale? à l'opulent banquier mettant à sa disposition son large crédit? enfin à l'ami sûr lui apportant, en gage d'une union durable et féconde, l'appui éventuel d'une puissante flotte de guerre capable de prétendre, dans l'avenir, par un vigoureux effort, à la maîtrise des mers, au moins de celles du Pacifique?

Malheureusement pour ce séduisant projet, un autre prétendant, le Japon, s'était présenté déjà comme l'initiateur naturel de la Chine dans son évolution économique, militaire et maritime, avec l'espérance d'en être ainsi le principal bénéficiaire. Le fait qu'il avait lui-même provoqué cette évolution par son exemple et le prestige de ses victoires lui semblait un titre suffisant à ce rôle, et il ne voulait pas être évincé par un nouveau venu, après tant d'efforts, de risques et de sacrifices couronnés de succès.

Cette situation de deux rivaux également entreprenants et résolus, se toisant face à face devant l'objet commun de leurs aspirations, était déjà inquiétante en soi. Cependant on pouvait espérer qu'ils arriveraient à s'entendre sur un *modus vivendi* acceptable, dans une aussi vaste entreprise qu'aucun d'eux ne pouvait plus prétendre à entamer seul contre l'hostilité de l'autre, quand cette situation fut brusquement aggravée par une intervention inattendue de la diplomatie des États-Unis proposant d'internationaliser les chemins de fer en Mandchourie.

L'effet de cette manifestation en faveur de la Chine ne se fit pas attendre. Le Japon, que sa politique antérieure semblait pousser à prendre point d'appui sur sa voisine asiatique, changea aussitôt de front et d'objectif et, tendant la main à son adversaire de la veille, la Russie, se montra dès lors disposé à s'entendre avec lui, contre la Chine rebelle à ses avances.

Il n'est pas téméraire de supposer que l'ultimatum tout récent du gouvernement du tsar à celui de Pékin fut une conséquence, non de l'entrevue de Potsdam, mais de ce nouvel accord russo-japonais,

Ainsi le Céleste Empire, devant l'évidence que les États-Unis ne pourraient actuellement lui venir en aide efficacement dans un conflit armé en Extrême-Orient, se voit maintenant exposé aux exigences de ses deux puissants voisins, bien résolus, sans doute, à se prêter mutuellement la main de façon à contrecarrer à leur profit son penchant trop marqué à prodiguer ses faveurs à l'ami préféré de l'autre rive du Pacifique.

Or, il en sera de même tant que cet ami, trop lointain, n'aura pas acquis une puissance navale suffisante pour lui permettre, sans l'aide d'une alliée européenne dont l'intervention déchaînerait alors une guerre générale, d'arracher à la flotte japonaise la maîtrise des mers autour de son archipel. Le seul moyen de donner à l'armée chinoise, supposée reconstituée et complétée, l'occasion de reconquérir la Corée et ses positions perdues en Mandchourie, est en effet d'isoler de tout renfort par cette opération maritime, les troupes du mikado sur le continent asiatique.

Mais, pour qu'une telle opération combinée de terre et de mer ait chance de succès, il faut un concours de conditions difficiles et fort longues à réaliser. La première est que le gouvernement des États-Unis ait eu le temps de construire auparavant un nombre de vaisseaux très supérieur à celui des vaisseaux japonais, au prix des plus grands sacrifices et d'une activité prépondérante. La seconde est que, dans cet intervalle, la Chine ait eu, de son côté, la possibilité d'organiser sa propre flotte et de vastes bases navales, bien approvisionnées, pour elle et la flotte américaine réunies, à proximité de celle du Japon. Enfin, la troisième est qu'elle ait réussi à constituer en même temps une armée nationale assez nombreuse, et entraînée au point d'être capable de se mesurer avantageusement avec celle du mikado, aguerrie et exaltée par ses éclatantes et récentes victoires.

Comment le gouvernement du Céleste Empire arrivera-t-il à réaliser ce programme de rénovation militaire et maritime, au milieu des bouleversements intérieurs et des graves préoccupations que va lui susciter sa tentative d'établissement d'un régime parlementaire libérant, sans transition et sans frein contre les excès démagogiques inévitables, cette masse populaire énorme asservie depuis tant de siècles à une autorité absolue ?

N'est-il pas à craindre aussi, pour la Chine, que ce péril ne soit aggravé par des excitations extérieures tendant, systématiquement peut-être, à l'affaiblissement du pouvoir central à Pékin et dans les provinces ?

Heureusement que cette période d'impuissance de

l'Empire chinois, probablement fort longue, pourra être mise à profit par les deux amies communes, l'Angleterre et la France, des partis antagonistes, pour prêcher à l'un la modération et à l'autre la prudence, afin d'empêcher un *casus belli* d'éclater entre eux en risquant d'entraîner une conflagration générale.

Ainsi apparaît la nécessité du rôle pondérateur que les circonstances imposent à l'entente cordiale anglo-française en Extrême-Orient. On peut espérer que, grâce à cette intervention amicale auprès des deux rivaux, ceux-ci, après s'être longuement et fiévreusement préparés à un conflit armé, arriveront finalement, sans heurts accidentels, à réunir deux faisceaux de forces antagonistes tels qu'il en résultera un état d'équilibre durable, aucun des adversaires n'osant le rompre dans la crainte d'encourir des périls incalculables.

Un dernier mot, pour tout dire, à nos amis américains ! Lorsqu'un peuple aussi bien doué que le leur peut marcher résolument vers l'avenir, sous la pression des événements et avec l'aide d'immenses ressources, les yeux fixés sur cet idéal : *devenir la plus grande puissance navale du monde*, il doit faire à la prudence tous les sacrifices nécessaires, dût-il en coûter beaucoup momentanément à son amour-propre, afin de ne pas compromettre, ni même retarder la réalisation d'un aussi beau rêve national ! (*Applaudissements répétés.*)

LE MEXIQUE ET SON DÉVELOPPEMENT ÉCONOMIQUE

CONFÉRENCE DE M. LE COMTE MAURICE DE PÉRIGNY

Sous la présidence de S.A. le Prince Roland Bonaparte

Messieurs[1],

Au bout du Paseo de la Reforma, cette large voie qui traverse tout Mexico en servant de trait d'union entre la *calle* San-Francisco, l'Alameda et l'Avenue de Chapultepec, s'élève un monument imposant, hommage rendu par les Mexicains d'aujourd'hui, fiers de leur indépendance reconquise, aux Mexicains d'autrefois, au chef valeureux qui lutta désespérément dans sa capitale de Tenochtitlan contre les troupes de Cortez, pour la défense de son Empire et de sa race, à Cuauhtemoc, le dernier empereur des Aztèques.

C'est tout le passé glorieux du Mexique qu'évoque cette statue, l'histoire prodigieuse de ces races indigènes arrivées à un haut degré de civilisation et dont la mystérieuse origine n'a pas encore pu être complètement éclaircie par la science moderne. Une fois déjà, au cours lointain d'une histoire que nous ignorons presque toute entière, le Mexique fut un grand pays. A une époque très reculée, sur le

1. Conférence faite par M. le comte Maurice de Périgny, le 15 mars 1911.

plateau de l'Anahuac, dans la vallée fertile d'Oaxaca, au milieu des vastes plaines de Tabasco et de Chiapas, arrosées de nombreux cours d'eau, s'élevaient majestueusement les grands édifices et les cités dont témoignent les ruines grandioses que nous admirons encore aujourd'hui. Les superbes pyramides du Soleil et de la Lune à Teotihuacan, la cité sainte, celle de Cholula qui couvre une superficie de plus de 40 acres, le temple de Tepotzlan, les ruines de Mitla et de Montealban, de Palenque, de Piedras Negras, sont autant de témoignages magnifiques de la culture des peuplades primitives qui habitèrent le Mexique, les Toltèques, les Chichimèques, les Aztèques.

De nombreuses tribus, dont on connaît à peine l'histoire, peuplaient le pays au début. Avant l'arrivée des Toltèques, les plus anciens sur lesquels on ait quelques données certaines, la plus grande partie du territoire était occupée par les Otomis au centre, les Pames au Nord, et dans le reste du territoire les Ulmèques, les Xicalancas et la grande famille Mixtecozapotèque.

Les Toltèques s'étaient établis en Californie au Nord du Rio Gila. Après de longues années de prospérité, deux princes de lignée royale se révoltèrent et vaincus abandonnèrent leur pays, suivis par un grand nombre de partisans. On place l'époque de cette émigration vers l'an 544 de notre ère. Par étapes successives, en faisant dans divers endroits des séjours plus ou moins prolongés, ils arrivèrent en 661 à Tula, à douze lieues de Mexico, qu'ils choisirent définitivement comme capitale.

Ils adoraient le Soleil et leurs autres dieux avec une grande déférence, leur offraient des fleurs, leur brûlaient des parfums, mais plus tard ils prirent l'habitude chaque année de sacrifier à Tlaloc, le dieu de la pluie, cinq jeunes vierges dont on arrachait le cœur pour le lui présenter en offrande.

Ils connaissaient l'agriculture et les arts, cultivaient le coton, le maïs, les haricots et différents légumes. Ils savaient tisser, travailler l'or, l'argent et les pierres précieuses, composaient d'admirables mosaïques de plumes.

Ils avaient aussi certaines notions d'astronomie, calculaient le temps et se servaient de peinture hiéroglyphique pour suppléer à l'écriture phonétique qu'ils ignoraient.

Mais dans l'impossibilité où nous sommes d'établir une coïncidence exacte entre leur chronologie et la nôtre, il est difficile de préciser l'époque de ces premiers faits de leur histoire.

Leurs rois gouvernèrent ainsi le pays du Mexique u squ'en 1116, époque à laquelle ils furent vaincus par les Chichimèques et obligés d'abandonner leurs terres pour se diriger vers le Sud, les uns vers le Yucatan, les autres vers le Guatemala. Les Chichimèques étaient de race différente avec une civilisation bien inférieure, aussi durent-ils bientôt céder le pouvoir à leur tour aux Aztèques ou Mexicains qui parurent vers le milieu du XIIIe siècle.

En 1325 ceux-ci fondaient leur capitale de Tenochtitlan, dans une île, au milieu du lac de Tezcoco, où se trouve la ville actuelle de Mexico, subjuguaient peu à peu tous leurs ennemis, et, leur empire, sur le plateau de l'Anahuac, arriva rapidement à un haut degré de prospérité, surtout sous le règne de Moctezuma Ier, durant la première partie du XVe siècle.

En 1486, à la cérémonie célébrée pour la consécration du temple gigantesque construit par l'empereur Ahuitzotl, on évaluait à six millions le nombre de personnes présentes et pendant ces fêtes qui durèrent plusieurs jours 60.000 prisonniers furent sacrifiés aux dieux.

Les guerres successives que les Aztèques durent entreprendre contre leurs voisins, dans le seul but d'obtenir des victimes afin de satisfaire les appétits sanguinaires de leur terrible dieu Huitzilopochtli, augmentèrent considérablement leur empire et celui-ci, à l'arrivée des Espagnols, touchait aux deux océans sur presque toute son étendue.

Au sud de cet empire, dans la péninsule du Yucatan, les villes nombreuses édifiées sur cette grande dalle de roche calcaire disent toute la magnificence de la race Maya, la plus ancienne parmi celles qui peuplèrent ces régions, la puissance de ses chefs, le génie de ses architectes, l'ingéniosité et la patience de ses artistes.

L'emplacement de ces villes et la tradition s'accordent pour démontrer qu'il y eut au Yucatan deux courants d'émigration : l'un par l'Est s'étendant de Bacalar à Chichen Itza et Itzamal ; l'autre par l'Ouest de Champoton à Campèche et à Uxmal.

Les Itzas construisirent à une époque trop reculée pour qu'on puisse lui donner une date précise, Itzamal, puis T'Ho (aujourd'hui Mérida) et Chichen Itzas. Ensuite vinrent les Mayas d'origine nahuatl qui fondèrent Mayapan et Uxmal, et subjuguèrent la tribu des Itzas. Ces peuples surent atteindre un haut degré de civilisation attestée par les nombreuses ruines de leurs anciennes cités disséminées sur toute la péninsule : Chichen Itza, Uxmal, Kabah, Labna au Nord ; Tikal, Nakcun, Rio Beque, Nohochna dans le Sud.

On doit admirer la simplicité de leur architecture, la grandeur et l'harmonie des proportions et aussi la profusion des sculptures.

Le caractère spécial des constructions mayas est que toutes ont pour base une colline artificielle en forme de pyramide tronquée. Tandis que les façades des monuments sont ornées d'une corniche abondamment sculptée, de bas-reliefs représentant des têtes d'hommes et des figures d'animaux, à l'intérieur les salles sont nues, sombres, avec des portes basses dont le seuil est souvent décoré. La voûte de ces pièces est triangulaire. Les parois qui la constituent s'inclinent l'une vers l'autre sans se rejoindre au faîte, laissant entre elles un étroit espace rempli de pierres cimentées.

Sur les parois de certaines pièces on retrouve parfois des dessins et même, comme à Chichen Itza, des peintures murales multicolores. On sait aussi que les Mayas se servaient d'une sorte de papier fait avec la fibre de l'henequen pour conserver à l'aide de figures les principaux faits de leur histoire, malheureusement la main criminelle d'un évêque fanatique mit le feu à tous ces précieux documents qui pourraient aujourd'hui nous éclairer sur la vie de ces anciens peuples.

Les Mayas disparurent vers 1450 et quand Cordoba débarqua au Yucatan en 1517 il ne trouva plus que quelques tribus disséminées à travers la péninsule et des superbes cités de jadis il ne restait plus que des ruines ensevelies sous le taillis épais des forêts luxuriantes.

Cortez, au contraire, débarquant à Vera Cruz, se vit en présence d'une quantité innombrable d'Indiens. Ayant vaincu plusieurs de leurs tribus, il eut l'habileté de s'en attacher d'autres désireuses de secouer le joug trop lourd du puissant empereur des Aztèques. Il dut à cet appui, soutenu par la nombreuse tribu des féroces Tlascalans, d'arriver à bout de l'opiniâtre résistance de Tenochtitlan sous la conduite de l'héroïque Cuauhtemoc.. Ce n'est qu'après soixante-quinze jours d'un siège rigoureux, quand le manque de vivres et le grand nombre de morts eurent amené la peste et la famine, que la cité invincible se rendit.

Certes ces hommes vigoureux, fiers et braves, méritaient mieux de la postérité que la légende ridicule attachée à leur nom devenu un terme de mépris parce qu'un impresario quelconque eut l'idée de présenter un jour à Paris comme des Aztèques authentiques deux monstres rachitiques et microcéphales.

Puis vint la période coloniale. Durant trois siècles le Mexique fut tenu dans un isolement absolu ; l'Espagne, jalouse de sa plus riche possession d'outre-mer, la cachait au monde extérieur. Des vice-rois et des officiers envoyés de Madrid gouvernaient le pays, accaparant tous les postes, en interdisant l'accès aux hommes nés dans la colonie jusqu'au jour, le 15 septembre 1810, où le prêtre Hidalgo poussa à Dolores le premier cri d'indépendance. Viva la Independencia ! Viva la America ! Muera el mal gobierno !

Une longue période de discorde et d'anarchie s'ensuivit, une série de révolutions et de guerres civiles marqua ces premiers essais de liberté. Enfin, en 1857, le Mexique se donnait une constitution fédérale et en 1861 la nomination à la présidence de la République du patriote Juarez semblait apporter à ce malheureux pays un gouvernement stable et l'espoir d'entrer dans une ère de tranquillité. Malheureusement les finances étaient dans un état déplorable, les intérêts des emprunts contractés pour la plupart à des taux usuraires ne pouvaient pas être payés. Le congrès suspendit le paiement de la dette intérieure, puis celui de la dette extérieure, ce qui occasionna l'expédition française au Mexique. Mais l'empire tombé, Maximilien mort, Juarez est renommé à la présidence et quand il meurt en 1872, c'est son chef de cabinet qui lui succède. Peu après une nouvelle révolution éclate et vient de nouveau troubler le pays. C'est le général Diaz qui en est l'instigateur et la lutte commence entre les Lerdistes et les Porfiristes. Lerdo perd la tête, se sauve à Acapulco et quitte le pays en 1876. Diaz entre dans Mexico le 24 novembre, est nommé président et avec lui commence une ère de progrès inconnue auparavant ; puis au bout de son terme, en 1880, il se retire devant le général Manuel Gonzales. D'abord ministre de l'Agriculture, il retourne bientôt dans son pays natal, à Oaxaca, comme gouverneur. Il fait un voyage aux États-Unis et revient en 1884 pour être renommé président, presque à l'unanimité. Depuis il a été sans cesse renommé et un amendement à la constitution lui a permis d'être nommé pour une période de six années.

Travailleur infatigable, chef ferme et énergique, administrateur habile, sûr de l'appui de l'armée, il a réorganisé entièrement le Mexique, en a fait réellement un État. Du pays le plus troublé, le plus agité, il a fait un pays tranquille, heureux, marchant allègrement dans la voie du progrès. Soldat incomparable, il s'est révélé homme d'État de premier ordre, possédant une volonté de fer, un grand sens pratique, une connaissance claire des hommes et des choses.

Avant tout il a vu l'intérêt de son pays ; son ambition a été de faire du Mexique un pays puissant et prospère, des Mexicains, un grand peuple. Pour arriver à ce but, il a su grouper autour de lui un nombre considérable d'amis fidèles et dévoués comme lui aux intérêts nationaux entre autres M. Limantour, ministre des Finances. Parmi tant de réformes utiles dont celui-ci fut le promoteur, il faut en noter trois fondamentales : l'abolition des octrois en 1896, la réforme monétaire en 1905 établissant l'étalon d'or et fixant le cours de la piastre, et la nationalisation d'une partie des chemins de fer. Diaz a assuré la paix au Mexique, lui a donné un gouvernement stable, Limantour a fourni les ressources qui lui ont permis de se développer. Dans la création du Mexique, dans son organisation en État moderne, ces deux noms resteront associés comme ils le sont et le seront toujours dans la reconnaissance publique.

*
* *

La première préoccupation du gouvernement sous le général Diaz fut de pacifier la contrée, de purger la campagne et la ville des bandes de brigands, épaves de guerres civiles, qui répandaient la terreur dans le pays. L'organisation de la garde rurale, les fameux « rurales », celle de la police urbaine dans le district fédéral et l'énergie du président ont fait disparaître ce fléau. Maintenant, à part quelques régions où sont cantonnés les derniers Indiens rebelles, Yaquis et Mayas, on peut se promener partout à travers le Mexique sans aucun danger.

L'armée active, bien équipée, possédant un excellent matériel, comprend 30.000 hommes. Exception faite pour les corps d'élite dont les éléments sont choisis, le recrutement se fait par engagements de gens sans travail ; on incorpore ainsi, plus ou moins volontairement, beaucoup d'individus qui, en état de vagabondage, seraient dangereux pour la société. Sous l'influence d'une discipline rigoureuse, avec la certitude de la subsistance quotidienne, leur moralité s'améliore. Ils font d'ailleurs de très bons soldats, sobres, durs à la fatigue, soumis aux ordres de leurs officiers. Ceux-ci, instruits et bien entraînés, sortent tous de l'école des cadets de Chapultepec et de l'école des Aspirants de Tlalpam.

Toutes les troupes fédérales qui se sont trouvées aux prises avec les rebelles durant les troubles récents se sont battues vaillamment et ont observé une discipline parfaite. Cela peut surprendre en Europe où beaucoup de personnes en sont encore à la légende des « hordes mexicaines » et, à ce propres, je citerai un incident qui s'est produit dernièrement au cours du mouvement insurrectionnel.

Six cents rebelles environ attaquaient le petit village de San Antonio, situé à environ 200 kilomètres au nord-ouest de Chihuahua, entre cette ville et Ciudad Guerrero. La garnison ne comptait que 130 soldats du 17e bataillon d'infanterie commandés par un capitaine, un capitaine en second, six lieutenants et sous-lieutenants. Elle se défendit avec courage dix jours de suite, repoussant tous les assauts, mais bientôt les munitions, 200 cartouches par soldat, s'épuisèrent. Les rebelles ayant fait sauter le pont du chemin de fer, on envoya des renforts de Chihuahua à pied; mais la distance les empêcha d'arriver à temps. Les assiégés durent renoncer à se défendre plus longtemps. Le capitaine commandant et deux officiers étaient morts. Aussi, voyant qu'une plus longue résistance était impossible, le capitaine en second ordonna de briser les percuteurs des fusils, fit quitter à ses hommes leur uniforme, puis, à l'arme blanche, il sortit du village pour ne pas tomber aux mains des rebelles. Il commanda ensuite à ses soldats de se disperser et de venir se présenter au chef-lieu de la zone militaire à laquelle ils appartenaient, c'est-à-dire à Chihuahua. Tous ceux qui avaient survécu au siège, environ 80, parmi lesquels de nombreux blessés, se rendirent à l'endroit désigné par leur chef. Pas un ne manqua à l'appel.

Le pays pacifié, la sollicitude du gouvernement s'est portée sur l'amélioration matérielle et morale de la population. A mesure que les finances le permettaient, il construisit des écoles, un pénitencier modèle, des asiles et des hôpitaux, s'occupa du desséchement de la vallée de Mexico, de l'assainissement de la capitale.

De nombreuses lignes de chemin de fer sont construites, un service des Postes et Télégraphes est organisé, et en 1896, les douanes qui existaient entre les différents États sont supprimées. En 1910, on comptait 50.000 kilomètres de fils télégraphiques. Partout où cela est possible, des écoles sont créées, facilitant ainsi l'instruction du peuple des campagnes, des « péons ». Les relations entre les diverses parties de la République deviennent rapidement plus intimes et plus cordiales. L'esprit particulariste des provinces s'atténue peu à peu et fait place à de beaux sentiments de solidarité. Il n'y a plus d'Espagnols et d'Indiens ; il n'y a que des Mexicains.

A ce sujet je signalerai un changement d'esprit que j'ai remarqué à maintes reprises durant mes voyages à travers la République. Il semble qu'il se produise dans le peuple une transformation de sa mentalité. Les Mexicains, de plus en plus, abandonnent leurs prétentions qu'ils faisaient jadis sonner si haut, au sang bleu venant d'ascendants espagnols, pour s'enorgueillir au contraire de leur origine indienne. Beaucoup aujourd'hui tirent vanité des traces de sang indien qui, d'ailleurs, se trouvent dans presque toutes les familles et il n'est pas rare d'entendre des généraux, de hauts fonctionnaires ou des gens remarquables par leur savoir s'exclamer avec orgueil : Yo soy un puro Indio.

Ici ce sont les Indiens qui constituent le fond de la population, puisqu'il y en a environ 14 millions, tandis que dans les autres parties de l'Amérique les peuples sont le produit de l'émigration européenne. Au Mexique il n'y a pas eu, au sens propre du mot, d'émigration européenne ; des étrangers sont venus, en grand nombre, mais ils étaient des capitalistes, des ingénieurs ou des commerçants, qui ont contribué du reste dans une large part au développement économique du pays.

Les colonies espagnole et nord-américaine sont naturellement les plus importantes. La première, tirant avantage de la communauté de langue, de coutumes et de religion, est assez prospère ; elle détient entre ses mains le commerce de détail, d'épicerie. Les Américains ont engagé des capitaux considérables dans les mines, les banques, les chemins de fer. Les Anglais continuent de préférence l'exploitation des mines tandis que les Allemands détiennent le commerce de quincaillerie ; ces derniers, depuis quelques années, ont créé de vastes exploitations agricoles. Quant à la colonie française, très aimée et très estimée, elle a monopolisé la vente des étoffes et le commerce des nouveautés.

Elle compte environ 5.000 membres, presque tous des « Barcelonnettes ». C'est en 1856 que commença l'émigration des habitants de la vallée de Barcelonnette. Modestes employés, puis petits boutiquiers, ils s'occupent du commerce de bonneterie en détail. Longtemps ils demeurent tributaires de maisons allemandes mais en 1870 ils s'adressent directement à la France. Peu à peu ils font venir des jeunes gens de leur pays et créent de grands magasins sur le modèle du Louvre, la plupart dirigés par leurs propriétaires, d'autres constitués en sociétés anonymes. Tissus, confection, chapellerie, droguerie, parfumerie, articles de Paris, bijouterie, telles sont les différentes branches de ces magasins dont l'ensemble représente une valeur d'environ 50 millions de francs.

D'importantes affaires industrielles ont été montées par nos compatriotes : la grande manufacture de cigarettes, El Buen Tono, à Mexico, la fabrique de papier de San Rafael, la fabrique de tissus de coton et la brasserie de Moctezuma, à Orizaba.

Les capitaux français sont largement représentés dans les diverses banques ; on peut évaluer approximativement à 300 millions de francs la somme des capitaux engagés par nos compatriotes au Mexique. A ce chiffre, il convient d'ajouter la valeur des propriétés foncières possédées par eux ou par des compagnies dans lesquelles ils sont largement intéressés et qui se montent à environ 100 millions.

Il est à regretter toutefois que la France ne participe pas davantage aux grands travaux qui se font sur toute l'étendue du vaste territoire du Mexique, aux contrats passés par le Gouvernement Fédéral, les Gouvernements Provinciaux et les municipalités : constructions de ponts, de voies ferrées, de réservoirs, adduction d'eau, assainissement des villes, asphaltage des rues. Et plus la prospérité du pays augmentera, plus la nécessité de certaines améliorations se fera sentir.

Or il suffit de jeter les yeux sur les tableaux de statistiques pour s'assurer de cette augmentation.

Vous m'excuserez, Messieurs, de vous citer quelques chiffres, mais ils seront le meilleur commentaire du développement économique si rapide et si considérable du Mexique.

Tandis qu'en 1884-1885 les recettes publiques se

montaient à 30.660.434 dollars et les réserves du Trésor à néant, elles étaient en 1908-1909 de 98.775.510 et les réserves de 76.022,54.

L'année 1908, déjà mauvaise par suite d'une récolte désastreuse, fut aggravée par la crise des États-Unis dont le Mexique eut à subir le contre-coup, et en 1909-1910 les recettes atteignaient le chiffre de 106 millions de piastres. Depuis quinze ans il y a eu constamment un surplus des recettes sur les dépenses et les réserves ainsi accumulées ont atteint 147 millions de piastres sur lesquels 73 millions furent dépensés pour des travaux d'utilité publique tandis que le restant forme partie des réserves monétaires du Trésor Fédéral. En 1891, le capital des Banques à concession fédérale n'était que de 41 millions, en 1910 il était de 176 millions.

Les résultats d'une aussi prudente administration ne tardèrent pas à se faire sentir. En 1888 le Mexique émettait un emprunt à 78 1/2 au taux de 6 p. 100, en 1899 il en émettait un autre à 95 au taux de 5 p. 100 et enfin en 1910 le prix d'émission se relevait à 97 5/8 et le taux s'abaissait à 4 p. 100.

C'est la récompense d'un crédit laborieusement conquis et établi sur des bases solides. La meilleure preuve pour un pays de l'accroissement de sa richesse est l'augmentation de ses achats. Or malgré le développement de manufactures locales, souvent très importantes, le Mexique a constamment accru le chiffre de ses commandes passées à l'étranger. Durant ces quinze dernières années ses importations ont augmenté de 66 millions de piastres à 195 millions et les exportations de 95 millions de piastres se sont élevées à 260.036.228.

Le fer, l'acier, matériel d'usine et de voie ferrée, 56 millions de piastres, les matières végétales 43 millions, les fils et les tissus 20 millions, forment les grands chapitres des importations. L'or 45 millions, l'argent 77 millions, le cuivre 20 millions, le henequen 22 millions, le caoutchouc 16 millions représentent ceux des exportations. La France n'entre que pour 8 p. 100 dans ces totaux contre 60 p. 100 aux États-Unis et 11 p. 100 à l'Angleterre et à l'Allemagne respectivement.

*
* *

De tout temps le Mexique a été célèbre pour la richesse de son sous-sol dans presque toute l'étendue de son territoire. Ce sont ses mines qui ont fait la fortune de la Nouvelle Espagne, ce sont elles qui ont ensuite attiré les capitaux et les énergies nécessaires au développement du pays.

Dans les conditions actuelles, le Mexique est l'un des meilleurs pays pour l'exploitation minière qui atteint annuellement 400 millions de francs. Le

Gouvernement encourage de son mieux le capital en lui donnant toute garantie. Les lois minières de la République passent pour être excellentes, pratiques et compréhensibles; les désaccords au sujet de titres sont presque impossibles. En outre, le gouvernement garde le contrôle sur des tarifs de fret pour les minerais et les matériaux destinés aux mines.

Avant la baisse de l'argent, celui-ci était naturellement le produit principal du pays; aujourd'hui encore la quantité fournie par le Mexique, 77 millions de piastres, dépasse le tiers de la production mondiale. Mais depuis cette époque sa production d'or a augmenté d'année en année, grâce à l'introduction du procédé au cyanure de potassium qui a permis de recueillir l'or que les méthodes primitives ne permettaient pas d'extraire et aussi à l'installation d'usines hydro-électriques. C'est ce qui a fait la fortune de certaines mines, entre autres celles du district d'El Oro, spécialement celle de Dos Estrellas, presque entièrement française et qui distribua en 1908 son vingtième million de dividende.

Pour le cuivre, le Mexique vient de suite après les États-Unis, avec une production annuelle de 20 millions de piastres, dans laquelle la grande mine française du Boléo entre pour 12.000 tonnes.

L'avenir se présente magnifique. Avant un quart de siècle, la plus grande partie des mines fameuses à l'époque espagnole auront reconquis leur ancienne renommée quand on aura appliqué les procédés nouveaux qui ont enrichi les districts de Pachuca, de Guanajuato et de El Oro et d'autres à peine connues viendront encore ajouter à la production minière du Mexique.

Mais, quelle que soit l'importance de ces exploitations et celle encore plus grande qu'elles pourront prendre, ce n'est pas dans ses mines que réside la véritable richesse du pays, c'est dans son agriculture. Cela est naturel, dans une contrée telle que celle-ci, où l'on trouve tous les climats, toutes les espèces du règne végétal, des terrains riches et dociles à toutes les cultures : terre chaude, terre tempérée, terre froide.

La propriété est peu morcelée. Les terrains sont répartis en haciendas, la plupart entre les mains de Mexicains, domaines immenses, employés à la culture du maïs, du café, de la canne à sucre, du tabac, du coton, de l'ixtle et de l'henequen, ou du maguey pour la fabrication du pulque et du mezcal.

Depuis quelques années, les étrangers qui s'étaient surtout occupés d'exploitations minières commencent du reste à s'intéresser à l'agriculture. Américains du Nord et Allemands se sont rendus acquéreurs de vastes territoires pour des plantations de canne à sucre, de caoutchouc, de cacao, pour l'élevage du bétail, ou encore dans le Chiapas et le Tabasco pour la coupe de bois précieux qui abondent dans les forêts vierges de ces provinces.

L'exploitation de ces haciendas exige une population nombreuse, des contre-maîtres, des directeurs ; dans certaines le personnel s'élève jusqu'à 3.000 âmes. Les serviteurs de tout ordre habitent dans des maisons ou cases; le maître loge dans un bâtiment spécial très spacieux et souvent très beau. Tout autour sont groupés des magasins, des écuries, une école, une église et la tienda, boutique où l'on vend les objets nécessaires à l'alimentation et à l'habillement des ouvriers qui restent attachés à l'exploitation et reçoivent, outre le salaire en argent, quelques allocations en nature.

Dans certaines régions la main-d'œuvre est fort rare et au moment des récoltes on est obligé d'en faire venir de districts plus peuplés. Aussi le gouvernement désirerait-il beaucoup voir l'émigration européenne se tourner vers le Mexique. Mais on n'y a besoin que de cultivateurs et il faut bien reconnaître que les conditions d'existence à l'intérieur du pays ne facilitent guère cette immigration, car il est certain qu'un paysan européen ne se contentera pas de la vie frugale des indigènes, et d'un autre côté les indigènes ne comprendraient pas que l'on donnât un salaire plus élevé à un ouvrier qui ne travaillerait certainement pas plus qu'eux. Pour que les étrangers puissent s'accommoder de ces conditions de vie, il faudrait que la propriété fût plus divisée et permît aux colons de travailler chacun pour eux-mêmes en mettant en valeur des terrains restés improductifs faute de bras.

Un autre obstacle au développement de l'agriculture est le manque d'eau dans certaines régions. Le gouvernement a décidé l'appropriation de 25 millions de piastres à des travaux d'irrigation, en outre il a contribué à la fondation sous ses auspices et sous son contrôle d'une institution de crédit agricole au capital de 10 millions de pesos : la Cia de Prestamos para obras de irrigacion y fomento de la agricultura.

Un vaste plan d'irrigation est à l'étude pour construire de petits barrages disséminés dans les parties semi-désertiques. On pense aussi se servir du bassin du Rio-Yaqui pour l'état de Sonora et irriguer ainsi plus d'un million d'hectares de terres excellentes pour la production des céréales, ce qui permettrait de diminuer dans une large mesure l'importation des blés étrangers.

*
* *

Le facteur le plus important du développement auquel est parvenu le Mexique fut la création d'un grand réseau de chemins de fer et cette création est encore l'œuvre personnelle du général Diaz. En

1877, il n'y avait dans toute la république que 617 kilomètres de voie ferrée, transportant 874.000 passagers et 158.000 tonnes de frêt; aujourd'hui il y en a 25.000 transportant annuellement plus de 10 millions de passagers et 11 millions de tonnes de frêt.

Les recettes brutes du dernier exercice 1909-1910 ont été d'environ 70 millions de piastres, c'est-à-dire 3.600 piastres par kilomètre construit.

Les voies de communication sont particulièrement importantes au Mexique où la nature a dressé des reliefs contituant d'énormes obstacles à la circulation commerciale et à l'unité politique. La première concession remonte au 22 août 1837 et la première ligne de Vera-Cruz à Mexico fut construite à l'aide de capitaux anglais et inaugurée le 1er janvier 1873. Depuis l'arrivée au pouvoir du général Diaz, la construction des voies ferrées a été poussée dans toutes les directions avec une infatigable activité. Les capitaux étrangers, surtout ceux des États-Unis, ont répondu avec empressement à l'appel du président.

En 1899, une loi importante due à l'initiative de M. Limantour établit un plan d'administration publique pour les chemins de fer et détermina en outre les lignes à créer d'après les besoins du pays en accordant des subventions. On pouvait, au 30 juin 1905, calculer à plus de 175 millions de piastres les sacrifices consentis par la nation tandis qu'on évaluait à plus de 800 millions de piastres le capital étranger engagé au Mexique pour la construction de chemins de fer.

Trois lignes pénètrent aux États-Unis : à El Paso (le Central), à Eagle Pass (l'International) et à Laredo (le National). Deux d'entre elles sont reliées ensemble par la ligne unissant Torreon sur le Central à Monterrey, se prolongeant d'un côté vers le Pacifique jusqu'à Durango, vers l'Atlantique jusqu'au port de Matamoros, et par celle qui unit Aguascalientes et San-Luis-Potosi aboutissant au port de Tampico, à l'embouchure du fleuve Panuco, point absolument sûr, possédant un bon mouillage pour des bateaux calant près de 7 mètres et des quais sur une longueur de près de 3 kilomètres. Mexico ainsi relié avec le Nord, l'Est par le chemin de fer Mexicain et l'Interocéanique avec Vera-Cruz, où l'on n'a pas dépensé moins de 100 millions de francs pour en faire un excellent port, pourvu de tout l'outillage moderne, avec Oaxaca par le chemin de fer du Sud et avec le Pacifique par l'embranchement d'Irapuato à Guadalajara et au port de Manzanillo.

L'Interocéanique devait relier Mexico à Acapulco, ce port admirable, le cinquième du monde, dit-on; arrêté par la Sierra Madre il n'a pas pu aller au delà du Rio Balsas. Mais la réunion de ces ports du Pacifique avec la capitale est d'un intérêt trop vital pour que le gouvernement ne fasse pas tous ses efforts afin de mettre bientôt en cours d'exécution les travaux projetés. Le Southern Pacific Railway d'ailleurs cherche à profiter de ce manque de communications directes entre la capitale et ces riches contrées du Pacifique; il arrive déjà à Mazatlan et compte se glisser le long de la Sierra jusqu'à Salina-Cruz.

De Cordoba, sur le chemin de fer Mexicain, se détache la ligne de Vera-Cruz al Pacifico jusqu'à Santa-Lucretia sur le chemin de fer de l'isthme de Tehuantepec. Celui-ci, depuis la réfection complète de la voie et les travaux superbes exécutés aux deux ports terminus, a pris une importance mondiale comme voie de transit interocéanique. La longueur de la ligne n'est que de 310 kilomètres et le trajet se fait en huit heures. Les marchandises peuvent être déchargées à Salina-Cruz, transportées et rechargées à Coatzacoalcos (Puerto-Mexico) en deux jours. Ce dernier port où il y a 8 mètres de fond aux plus basses marées est aménagé avec sept wharfs sur 1.200 mètres de quai avec 25 grues électriques. Quant à Salina-Cruz, il est doté d'un dock pouvant tenir des bateaux de 12 à 20.000 tonnes.

Le Pan américain se détache de cette ligne à San Geronimo vers la frontière du Guatemala à travers le fertile état de Chiapas. Une voie est en projet pour relier l'isthme de Tehuantepec au réseau des « Chemins de fer unis du Yucatan », desservant les exploitations de henequen qui ont fait la fortune de cette presqu'île.

Un danger se présentait pour les principales lignes de ces chemins de fer, danger qui a été écarté par une habile combinaison de M. Limantour. Deux puissants groupes de New-York, la Standard Oil Cy et Speyer and Co, voulaient contrôler absolument les deux grandes lignes pénétrant aux États-Unis. C'était l'accaparement du réseau mexicain et c'était laisser à leur merci l'agriculture, l'industrie, le commerce du Mexique. Le Gouvernement, pour acquérir la majorité des actions de l'une des lignes reliant Mexico à Vera-Cruz, l'Interocéanique, en acheta les titres aux enchères publiques. La maison Speyer n'ayant pas de débouché sur le Golfe du Mexique ne pouvait plus lutter contre la Standard Oil Cy qui avait les embranchements de Monterrey et de San Luis Potosi sur Tampico et elle vendit les actions du National au Gouvernement. La Compagnie Vera-Cruz al Pacifico ayant été obligée de déposer son bilan, l'État en profita pour acquérir la totalité de ses actions. Ces lignes formèrent les « Lignes Nationales du Mexique », auxquelles se joignit le chemin de fer Hidalgo et Nord-Est acheté en 1906.

Cette même année, la situation du Mexican Central Railway devenait tout à fait critique et l'obligeait à s'adresser au gouvernement pour un arrangement.

Le ministre des Finances proposa alors le plan suivant : 1° Consolidation de toutes les lignes du Chemin de fer National et du Central.

2° Formation d'une nouvelle compagnie pour absorber les deux autres ; celle-ci devait être une Compagnie mexicaine dans toute l'acception du mot, organisée à Mexico, conformément à la loi mexicaine, ayant ses bureaux à Mexico.

3° Droit pour le Gouvernement mexicain d'avoir la majorité absolue des actions de la nouvelle compagnie.

Le Gouvernement obtenait cette majorité sans aucun débours par l'apport de sa part dans le National et par la garantie qu'il donnait à une certaine émission d'obligations de la nouvelle compagnie.

La compagnie fut organisée à Mexico le 28 mars 1908, sous le nom de « Compagnie de Chemins de fer Nationaux du Mexique » au capital social de 460 millions de piastres divisé en 2.300.000 actions de 200 piastres chaque.

De cette façon, le Gouvernement conservait le contrôle des principales lignes de chemin de fer et en même temps ces lignes étaient exploitées d'une façon commerciale comme si elles appartenaient à une entreprise privée.

La totalité des voies ferrées ainsi contrôlées est d'environ 13.000 kilomètres, y compris celles provenant de l'incorporation toute récente du chemin de fer panaméricain.

Celui-ci aboutit déjà à la frontière du Guatemala et tout dernièrement le ministre de Fomento de cette république enfonçait un clou d'argent dans la première traverse du tronçon de 50 kilomètres qui reste encore à construire pour que l'on puisse se rendre directement en chemin de fer de New-York à Guatemala.

Cette union des deux pays sera très favorable au Mexique pour son commerce et surtout pour son industrie qui a déjà besoin de marchés nouveaux et qui pourra ainsi concurrencer dans l'Amérique Centrale les objets importés d'Europe et des États-Unis toujours coûteux à cause du frêt. Elle aidera aussi, comme le faisait remarquer un journal de Mexico, à la diffusion du « Sentiment Sauveur du Panhispanoaméricanisme ».

*
* *

Et, Messieurs, il faut bien le reconnaître, à côté du sentiment panaméricain, lancé à grand fracas, cherchant à auréoler d'idéal *la poursuite d'une idée égoïste,* se forme, timidement mais sûrement, un autre sentiment. Le Mexique, par sa position, par son développement économique, se doit non seulement de constater ce sentiment qui commence à naître chez les républiques américo-latines, mais encore de le vivifier, de s'en constituer pour ainsi dire le champion dans l'Amérique Centrale depuis les frontières du Texas jusqu'au canal de Panama. Il n'est plus question pour lui de conquête du Guatemala, il semble se faire au contraire un devoir discret de veiller à la tranquillité des républiques voisines plus faibles. C'est dans cette préoccupation qu'en 1907 il se joignit aux États-Unis pour faire cesser la guerre entre le Guatemala, le Salvador et le Honduras, et que d'accord avec eux il fit signer aux cinq républiques de l'Amérique Centrale les conventions de Washington. Sous les auspices des deux pays réunis, une cour arbitrale de justice centre-américaine était instituée à Cartago, l'ancienne capitale de Costa-Rica, pour juger tous les conflits qui pourraient survenir entre les cinq états signataires. C'était un premier lien entre eux, la première maille de ce qui peut devenir un jour l'union centre-américaine. Ce jour est encore bien lointain et d'ailleurs, si l'union morale entre ces pays est désirable à tous les points de vue, il n'est pas bien prouvé que l'union politique leur serait absolument profitable. Mais ceci est un autre problème bien complexe, et qui serait en dehors de mon sujet.

Parce que ces pays ont besoin de capitaux pour développer leurs immenses richesses naturelles, il n'en résulte pas que ceux qui les leur ont apportés doivent les traiter en terre conquise. Parce qu'ils ont peut-être trop souvent agi en grands enfants turbulents, se bataillant sans trop savoir pourquoi, et que leurs ébats, en se prolongeant, ont risqué quelquefois de devenir dangereux, il ne faut pas que le tuteur qui s'est offert pour les maintenir s'empresse d'accaparer les biens dont il a accepté de prendre la garde.

Le Mexique, durant les heures troubles que vécurent dernièrement les républiques de l'Amérique Centrale, ne se départit jamais de son rôle qu'il avait tacitement accepté de veiller d'un œil amical à ce que d'inutiles difficultés ne surgissent à nouveau entre elles. Celles-ci l'ont fort bien senti et leur amitié pour le Mexique auquel les rattachent la même origine, la même langue et le même tempérament, n'a fait qu'augmenter. Elles se réjouissent des triomphes obtenus par leur sœur aînée, de ses brillantes conquêtes dans la voie de la civilisation et du progrès. Pour elles le Mexique, pays de race américo-latine, est un exemple et une leçon. Soucieuses de garder leur intégrité, elles tournent volontiers leurs yeux vers lui, recherchent l'appui moral de ce grand pays qui, ayant souffert à une époque encore toute proche des maux qui les affaiblissent actuellement, a su acquérir une place enviable parmi les nations et dont la puissance ne semble pas devoir être ébranlée aussi facilement qu'on a pu le dire ou paru le craindre.

Car il nous semble que l'on ait beaucoup exagéré l'importance des événements survenus dernièrement au Mexique ou plutôt qu'on les ait dénaturés. On a parlé de révolution. Ce mot nous paraît bien gros. En effet, peut-on appeler révolution un mouvement insurrectionnel local, dirigé par un fils de famille, quelque peu dévoyé, imbu d'idées anarchistes quoique millionnaire. Certains journaux ont déjà accordé à celui-là le grade de général, ignorant sans doute qu'aujourd'hui au Mexique comme dans les grandes nations militaires, ce titre a une valeur et que pour le porter il faut l'avoir gagné comme soldat. Madero, dont la candidature à la présidence fit sourire, n'est soutenu par aucun partisan sérieux, il est aidé seulement par un millier et demi de rebelles recrutés parmi des échappés de prison, des Mexicains réfugiés aux États-Unis, des *outcasts* nord-américains qui, suivant la typique expression yankee, trouvent l'air de leur patrie trop chaud pour eux.

C'est dans l'état frontière de Chihuahua, dont la superficie est presque égale à celle de la France qu'ont commencé les troubles. La majeure partie des terrains appartient au gouverneur Terrazas et Madero chercha à profiter d'un mouvement de mécontentement qui s'était produit dans cette province pour réaliser son rêve ambitieux.

On s'étonne et on s'alarme en France que ce mouvement ne soit pas encore réprimé ; on accuse volontiers le Gouvernement mexicain d'impuissance. Il faut se rendre compte — ce qui rend les opérations très difficiles — que la région où se déroule ce mouvement est excessivement accidentée. Il ne peut se produire que des escarmouches de guérillas ; et puis la frontière est toute proche. Les rebelles peuvent donc facilement attaquer des postes isolés puis se dérober ; s'ils subissent un échec, ils se replient rapidement de l'autre côté de la frontière, se réapprovisionnent en armes et en munitions, recrutent d'autres bandits et recommencent. Mais jamais ils ne se sont avancés bien loin et n'ont pas été une menace bien sérieuse pour la sécurité générale du pays. Le jour où la contrebande de guerre aura pris fin sur la frontière mexicaine, où les brigands qui veulent se faire passer pour des « insurrectos » ne pourront plus la franchir, en un mot quand toute action étrangère aura cessé ou aura trouvé satisfaction, les troubles, dont on s'inquiète tant, cesseront rapidement.

Quant à une intervention, on ne conçoit pas très bien qu'il ait pu en être question et on cherche la source véritable de tous les bruits ayant pour but la diminution du prestige que le Mexique s'est justement acquis. Les intérêts étrangers sont certains d'être toujours protégés par le Gouvernement mexicain, même au cas où des troubles plus graves pourraient se produire si le président Diaz venait à disparaître. Sans doute à ce moment des ambitions s'élèveront, mais il n'y a pas lieu de s'attendre à un effondrement du gouvernement, comme on a pu le prétendre. Le mérite de l'œuvre du général Diaz — et celle-ci est maintenant presque achevée — semble être précisément qu'il ait travaillé à ce qu'une fois mise debout l'homme ne soit pas indispensable. Une révolution grave, générale ne semble pas à craindre. Le pays est assagi. Le peuple a appris à estimer les bienfaits de la paix et ne voudra pas provoquer l'intervention des États-Unis. Les Américains, de leur côté, n'ont aucun intérêt véritable à souhaiter cette révolution et beaucoup, d'ailleurs, ne la désirent pas, car ils prévoient les difficultés qu'elle pourrait leur occasionner.

Et pour terminer, Messieurs, je citerai cette phrase du général Bravo quand il me reçut si aimablement dans son quartier général de Santa-Cruz de Bravo après ma première exploration dans le Peten et ma traversée du territoire du Quintana-Roo, centre de concentration des Indiens mayas révoltés. « Mexico, me disait-il, es todavia un muchacho. Le Mexique est encore un gamin ; mais il grandira et il arrivera un temps où on n'osera plus lui tirer les oreilles. »

Depuis plusieurs années, certes, le Mexique a grandi. S'il a encore la vigueur et l'enthousiasme de l'adolescent, il a déjà tout le sang-froid de l'âge mûr et cette assurance que donne la pleine conscience de sa force. Il saura sans doute par sa sagesse éviter les fautes qui compromettraient sûrement la belle destinée qui s'ouvre à lui et par sa fermeté conserver la place qu'il s'est acquise. (*Applaudissements prolongés.*)

LES ÉTATS-UNIS ET LA CRISE DES PARTIS

I

CONFÉRENCE DE M. FIRMIN ROZ

Messieurs [1],

Il y a trois jours, le mardi 4 avril, le 62e Congrès des États-Unis inaugurait ses séances. Vous savez qu'il compte une majorité démocrate considérable, 228 voix contre 162, autant que j'en puis juger d'après des statistiques un peu différentes. Les républicains avaient la majorité depuis 1895 ; ils l'ont gardée d'ailleurs 36 années sur 54, soit 18 législatures sur 27. Qu'ils l'aient perdue et que, parmi eux, le leader le plus éprouvé soit précisément celui dont la politique se rapproche le plus de celle des démocrates, voilà le signe d'une crise des partis dont je voudrais vous exposer les conditions, vous faire comprendre la nature et entrevoir les résultats.

*
* *

Cette crise a éclaté à propos des élections. On s'attendait à des pertes dans le camp républicain ; on s'attendait peut-être à une défaite, mais personne

1. Conférence faite par M. Firmin Roz, le 7 avril 1911.

ne prévoyait la déroute, la débâcle. Les dépêches successives enregistraient avec étonnement les résultats; la première annonçait de 30 à 40 voix de majorité aux démocrates; puis on en annonça 50 et enfin 66.

Les causes de ce résultat sont assez faciles à démêler; et il faudrait mettre au premier rang sans doute les dissensions du parti républicain. Vous savez qu'il s'est produit une scission entre la droite et la gauche, comme nous dirions, ou, comme on dit là-bas, la « vieille garde » et les « insurgents ». Ces derniers ne sont, à vrai dire, que des républicains dissidents. Ils réagissent contre certaines tendances qui ne semblent point, en effet, dans la tradition du parti, qui ne sont point, si j'ose risquer cette expression métaphysique, de son essence, et qui n'en ont pas moins exercé, depuis quelques années, une influence prépondérante sur son orientation : excès du système protectionniste, alliance avec les grandes corporations financières, asservissement de la masse électorale à la « machine », c'est-à-dire à la puissance organisée des politiciens professionnels. Quelques républicains ont pensé que c'était là une orientation très regrettable et très dangereuse, contraire aux véritables intérêts du parti, contraire à l'intérêt national : ils se sont séparés, au moins là-dessus, du gros de leur parti. Chacune de ces deux fractions s'est alliée aux démocrates contre l'autre; on vient de le voir encore tout récemment, dans l'élection du sénateur O'Gorman, démocrate, qui a été élu par la législature républicaine de l'État de New-York. Cette élection est due à la coalition des insurgents avec les démocrates. Ce ne serait d'ailleurs que des représailles, car la vieille garde a mené contre les insurgents une campagne extrêmement vive pendant la période électorale. Ceux-ci pourtant se défendaient de constituer un parti et de son côté le président Taft, qui avait songé un instant à retirer aux insurgents le bénéfice du patronage présidentiel, était revenu sur sa décision. Finalement, au terme de la dernière session du 61e Congrès, les choses avaient paru s'arranger. Il est donc probable que, dans la première partie de la campagne électorale, les insurgents n'étaient pas résolus à lier partie avec les démocrates contre les républicains. Mais le vieux parti républicain, la vieille garde, s'étant montré très animé, très hostile contre les insurgents, le conflit est maintenant déclaré, la guerre ouverte.

Une autre cause de la défaite républicaine, c'est l'impopularité du tarif Payne-Aldrich, impopularité qui a été aggravée par le renchérissement de la vie. On a attribué à tort ou à raison — et il est probable qu'on a partiellement raison — le renchérissement de la vie, qui est pourtant, nous le savons, un fait assez général dans le monde économique, — on l'a attribué, aux États-Unis, au tarif Payne-Aldrich. Cela a suffi pour tourner la masse populaire contre le vieux parti républicain et les excès de son protectionnisme.

En même temps que la masse populaire se trouvait ainsi désaffectionnée de l'aile droite républicaine, l'inquiétude causée dans le monde des affaires par les menaces d'intervention administrative a excité contre l'aile gauche les corporations, c'est-à-dire les grandes sociétés financières et leurs alliés, de sorte que le parti républicain était attaqué des deux côtés à la fois ou, pour employer une métaphore plus juste, par en haut et par en bas, puisque, en même temps, se détachaient de lui la masse ouvrière et l'aristocratie financière.

Cette animosité de la finance et des trusts s'explique assez par les campagnes de M. Roosevelt à la fin de sa présidence. Avec quelle ardeur elle dut se manifester au cours de la lutte, nous en trouvons l'aveu dans la déclaration du *New-York World*, l'organe de Wall-Street, qui s'écriait au lendemain des élections : « La défaite de Roosevelt, c'est la paix industrielle pour le monde des affaires ».

C'est bien, en effet, la défaite de M. Roosevelt qui est le trait le plus frappant des récentes élections. Les Américains, qui évoquent volontiers le souvenir de Napoléon, ont prononcé les mots de « Waterloo » et de « Sainte-Hélène » ; ils n'en trouvaient pas de plus propre à qualifier exactement la situation de l'ex-président. Ce ne serait pas assez d'évoquer le souvenir de l'île d'Elbe : après cette déchéance définitive, il ne lui reste que l'exil dont on ne revient pas.

Le fait est que les candidats de M. Roosevelt étaient battus presque partout et, en particulier, là où il les avait le plus chaudement soutenus. Je vous rappellerai, notamment, la défaite de M. Simpson aux élections pour le poste de gouverneur de l'État de New-York; l'élection, au contraire, dans l'Ohio, du gouverneur Harmon, dont M. Nicols, président du Comité démocrate, soulignait insolemment la victoire dans cette dépêche à M. Roosevelt : « Les circonstances dans lesquelles vous avez diffamé le gouverneur Harmon lui donnent 25.000 voix de plus ; l'État lui donne une majorité de plus de 60.000 voix; revenez-y. »

L'opinion, d'ailleurs, ne se méprit point sur cet échec personnel, où elle vit le trait le plus frappant des élections. On en trouverait une preuve amusante, parmi bien d'autres témoignages plus sérieux, dans une séance d'un club assez original de New-York qui s'appelle « Sur le Gril ». Ce cercle d'hommes politiques et de journalistes s'amuse à mettre deux fois par an, comme nous dirions, sur la sellette, les personnalités les plus en vue de la politique et des affaires avec un humour endiablé ;

on les invite d'ailleurs, généralement, à assister à la petite opération.

Le président Taft assistait le 2 décembre à la réunion du « Gridiron Club », avec quelque trois cents autres convives, ministres, membres du Congrès, diplomates, qui se sont esclaffés, disaient les comptes rendus de la fête, à voir défiler devant eux une longue théorie de stropiats et d'invalides ayant à leur tête un cavalier lamentable qui figurait M. Roosevelt conduisant la Retraite de Russie. Ce cortège était suivi d'un char conduit par Miss Democracy et dans lequel devait monter le nouveau président pour se rendre à la Maison-Blanche. Des individus, figurant toutes les personnalités démocrates susceptibles de poser leur candidature, assaillirent le char, se disputant la place. Enfin, un personnage figurant le président Taft donna lecture d'une pseudo-correspondance, d'abord familière et cordiale, puis de plus en plus glaciale et hostile, échangée entre lui et son prédécesseur, M. Roosevelt. M. Taft a ri beaucoup, assuraient les journaux. « Quant à M. Roosevelt, il n'assistait pas à la réunion : il boude à Oyster-Bay ».

Si la crise éclata surtout à propos des élections, il faut dire qu'elle s'était manifestée bien avant. Les dissensions avaient été visibles dans le parti républicain dès 1909, lors de la discussion du tarif douanier Payne-Aldrich. L'élément avancé — qui s'appelle plus volontiers progressiste — du parti républicain accusait M. Taft d'oublier volontairement la politique de M. Roosevelt au profit des intérêts particuliers dont le speaker Cannon, à la Chambre des représentants, et M. Aldrich, au Sénat, sont considérés comme les chefs.

Ces désaccords s'étaient accentués au cours de la première session régulière du 61e Congrès (décembre 1909-juin 1910). C'est là que le groupe des insurgents avait entrepris et dirigé la lutte, avec le concours des démocrates, contre les pouvoirs du speaker[1].

Le Président de la Chambre des représentants, en effet, a des pouvoirs considérables. Il nomme tout seul les quarante commissions de la Chambre. Il peut ainsi arrêter la carrière parlementaire des représentants qui ne sont pas de ses amis : il n'a qu'à ne pas les nommer dans les grandes commissions. Il fixe l'ordre du jour ; il peut refuser la parole à un député dans n'importe quelles conditions.

La campagne contre ce système, qu'on a appelé, du nom du speaker, le cannonisme, aboutit, après deux jours de séance orageuse (17-19 mars), au vote de la motion Morris, par 180 voix contre 155. Elle supprimait au président certaines de ses attribu-

1. V. dans *France-Amérique* d'avril 1910, p. 208-210, l'exposé si net de M. Henry Ripert : « La Chambre des Représentants aux Etats-Unis et le Speakership. »

tions : d'abord il ne peut plus faire partie du comité du règlement ; en second lieu, il n'a plus le pouvoir de refuser la parole à un membre, lorsque celui-ci est seul à la demander et qu'il ne s'écarte pas de la question à l'ordre du jour ; enfin, les commissions permanentes doivent être nommées par la Chambre elle-même. La majorité qui adopta cette motion était formée de 35 voix républicaines ajoutées aux voix démocrates ; ces 35 voix étaient celles des insurgents.

Au milieu de mai, après cinq mois de session, le Congrès n'avait pu voter encore aucune loi importante. M. Taft sembla perdre patience et on put croire qu'il allait cesser de reconnaître les insurgents comme membres du parti républicain et leur retirer les avantages du patronage présidentiel. Mais M. Taft, qui est un légiste, a des préférences pour la manière douce, pour les négociations, pour les transactions, et il réussit, finalement, à faire passer, tout en fin de session, quelques-unes des plus importantes parmi les mesures qu'il préconisait. La Chambre vota le crédit de 250.000 dollars qu'il demandait pour le maintien de la commission créée par la loi douanière du 5 août 1909 dans le but de conseiller le président sur l'application du tarif minimum. (On sait que l'exercice de cette prérogative présidentielle était destiné à atténuer le tarif Payne-Aldrich, décidément condamné par l'opinion.) En second lieu, vint le vote de la loi créant des caisses d'épargne postales. Enfin, une loi, de plus grande portée que les précédentes, réglementait les chemins de fer dont les opérations s'étendent sur le territoire de plusieurs États. Cet *Interstate Commerce Act*, désigné sous le nom de loi Mann-Elkins, est une mesure capitale qui complète l'œuvre législative antérieure : la première loi sur le commerce entre les États, votée en 1887, sous la présidence démocrate de Cleveland, les lois Elkins et Fairbanks de 1903 et la loi Hepburn de 1906. Elle se rattache donc à l'esprit d'opposition et de résistance aux grandes corporations financières.

En même temps, la lutte contre ces corporations se poursuivait sur le terrain juridique. Il y avait des poursuites engagées contre certains trusts, et un projet de loi était soumis au Congrès sur l' « incorporation » et le contrôle fédéral qui en résulte. En effet, si les sociétés sont obligées de demander la reconnaissance officielle, elles acceptent, du même coup, le contrôle du pouvoir fédéral.

J'indique, Messieurs, ces mesures, pour vous montrer que ce n'est pas la politique du vieux parti républicain, de la « old-guard », qui arrivait à prévaloir à la fin de la législature. En somme, on faisait des concessions au parti progressiste ; on se rapprochait du programme des démocrates. Le vieux parti, que représente le président, désarmait dans une certaine mesure et continuait la politique qu'avait inaugurée le président Roosevelt et qu'il avait poussée assez vigoureusement, un peu brutalement même, dans les dernières années de sa présidence.

Malgré cela, l'attitude du président Taft, après celle de M. Roosevelt, marquait tout de même plutôt, dans cette voie des réformes démocratiques, un arrêt ou même un recul du parti républicain et, en somme, l'orientation générale de ce parti restait la même. Les démocrates auraient pu lui reprocher plus justement ce que leur chef, M. Bryan, lui reprochait déjà en 1908, sous M. Roosevelt, quand il disait : « Les républicains admettent le renforcement des lois contre les trusts, mais ils ne fournissent pas le moyen de l'obtenir ; ils reconnaissent que la réforme du tarif est nécessaire, mais ils tenaient le même langage naguère, et cela n'a pas empêché le vote de l'exorbitant tarif actuel[1]... »

Ainsi donc, il y avait des dissensions dans le parti républicain et elles révèlent, ainsi que l'attitude du président, la crise du parti. Cette crise se préparait de longue date. Je vous l'ai montrée éclatant à propos des élections ; je l'ai suivie en remontant un peu plus haut dans les dernières sessions du précédent Congrès. Il faut maintenant, pour comprendre la nature et la signification de cette crise, remonter

1. V. André Tardieu, *Notes sur les États-Unis*, pp. 158-159.

plus haut encore et jeter un coup d'œil rétrospectif sur l'histoire des partis aux États-Unis, ou plutôt sur leur situation respective. Une vue d'ensemble nous permettra d'embrasser le passé, de comprendre le présent et peut-être d'y voir s'indiquer les directions de l'avenir.

*
* *

Les deux données du problème, tel qu'il se posait aux fondateurs de l'Union américaine, c'est le maintien des droits particuliers (ceux des individus, ceux des anciens États) et la superposition à ces droits primitifs, essentiels, de droits généraux, correspondant au pouvoir nouveau de l'État fédéral. Il s'agissait, en somme, dans cette *démocratie nationale* qui se constituait, de concilier les éléments représentés par chacun des deux termes. Vous rappellerai-je la célèbre parole de Daniel Webster : « Liberté et union, maintenant et à jamais, sont une et inséparables ». C'est là ce que les Américains appellent la « noble théorie nationale » ; mais elle est plus facile à formuler qu'à appliquer.

La difficulté se manifesta dès l'origine par l'opposition des fédéralistes ou Hamiltoniens et des républicains ou Jeffersoniens. Après l'Indépendance, il avait d'abord fallu créer l'État fédéral ; ce fut l'œuvre urgente du « fédéralisme », notamment de son principal théoricien, Hamilton. Nous n'avons point de peine à comprendre quel était, des deux éléments à concilier, celui que Hamilton subordonnait jusqu'à le sacrifier à l'autre : il s'agissait moins de sauvegarder pour l'instant l'esprit de la démocratie, — lequel d'ailleurs n'était nullement menacé, — que de faire prévaloir d'abord le caractère national de l'Union, puisque l'œuvre urgente était de réaliser une nation.

D'ailleurs, Hamilton avait de la méfiance à l'égard de la démocratie ; il professait la conception anglaise d'un État national basé sur la prédominance et même sur la domination d'ordres et d'intérêts privilégiés. Sans doute cette conception l'empêcha-t-elle de comprendre que l'organisation nationale américaine ne pouvait reposer d'une manière permanente sur rien moins que l'ensemble de la démocratie américaine : mais peut-être, aussi, obéit-il à la force des choses et ne fit-il qu'accepter une nécessité tout à fait indépendante de ses conceptions et de ses théories personnelles.

Dès lors, le rôle et la fonction du parti démocrate se définissaient d'une manière très précise. Il avait à revendiquer les droits de l'individu et les droits des États particuliers, qui en sont d'ailleurs la garantie.

Le conflit ne prenait pas tout d'abord une forme aiguë parce que, étant données les conditions exceptionnellement avantageuses dans lesquelles se développait la société américaine, il y avait accord spontané entre le point de vue individuel et le point de vue national. L'individu travaillait pour s'enrichir, mais, en s'enrichissant, il enrichissait la communauté; il y avait une identification du point de vue individuel et du point de vue national. De sorte que le parti démocrate[1], qui arriva au pouvoir après les deux présidences de Washington et la présidence de John Adams, pouvait, sans danger, préconiser sa politique et la formule qui s'exprime ainsi : « Droits égaux pour tous sans privilèges spéciaux pour personne ». Les dix présidents démocrates qui gouvernent de 1801 à 1837 sont obligés, par la force des choses, d'éliminer de leur politique tout ce qui serait en antagonisme trop direct avec le principe national.

Les progrès de la démocratie du centre-ouest et du sud-ouest contribuent d'ailleurs à orienter la vie politique et sociale dans le même sens. Ces colons étaient tout naturellement loyalistes, parce qu'ils arrivaient après la fondation de l'Union, et les États

1. Il s'appelait lui-même « républicain » jusqu'en 1832 et s'opposait alors sous ce nom aux « fédéralistes ». Ceux-ci devinrent successivement les « whigs », à partir de 1834, puis les « républicains », en 1860, et sous ces deux noms s'opposèrent aux « démocrates ». Il est nécessaire d'avoir bien présente à l'esprit cette terminologie dont l'indétermination même et le flottement nous avertissent déjà que nous ne devons pas nous attendre à une démarcation tranchée entre les programmes, ni à une distinction très nette de tous leurs articles.

qu'ils formaient n'avaient jamais eu d'existence antérieure à l'Union. Ils n'avaient donc pas les souvenirs d'autonomie, ils n'avaient pas les vieilles traditions particularistes qui existent dans un État comme le Massachusets, par exemple, dont les citoyens ont été si longtemps des citoyens du Massachusets avant de devenir des citoyens de l'Union.

Les programmes des deux partis, démocrate et républicain, restaient alors aisément distincts, et il en fut ainsi en somme jusqu'à la guerre civile. La victoire républicaine et fédéraliste qui termina la guerre de Sécession amena une suite de présidents républicains : Lincoln, Johnson, Grant, Hayes, Garfield, de 1861 à 1885. Ce triomphe du parti républicain est la conséquence de la crise terrible durant laquelle les circonstances ont contraint les démocrates, partisans de l'esclavage et défenseurs, dans le Sud, des droits des États, à se dresser contre l'idée nationale. Les démocrates du Sud, intéressés au maintien de l'esclavage, avaient été amenés, par cet intérêt, jusqu'à la rupture du lien fédéral. Qu'était devenue, dans leurs revendications séparatistes, la fameuse formule : « Liberté et union, maintenant et à jamais... » ? Périsse l'union plutôt que la liberté !

L'Union l'emporta, et certes cette victoire n'entraînait point la chute de la liberté. Mais la leçon avait porté : désormais les démocrates auraient à modifier leur plate-forme. Durant la période de « reconstruction », ils sont éliminés des affaires et quand ils y reviennent, en 1885, avec Cleveland, le principal article de leur programme était la réforme du service civil, qui, votée au Congrès sur la proposition d'un démocrate, par une majorité indépendante des partis, avait été mise en œuvre par un président républicain, Chester Alan Arthur.

Les deux présidences de Cleveland, démocrate, et la présidence républicaine de Harrison, qui les sépare, indiquent un certain flottement de l'opinion, qui a pu redevenir un instant favorable aux démocrates, mais qui s'attache de nouveau aux républicains pour leur rester fidèle jusqu'à ces derniers temps : présidences Mac Kinley, Roosevelt et Taft.

Durant cette période de triomphe du parti républicain, ce sont les questions économiques qui prédominent. Cela tient au grand mouvement de production qui a suivi la guerre de Sécession, le maintien de l'union fédérale, l'établissement de la grande industrie, l'influence des États du Nord. Les tarifs Mac Kinley, Dingley, Payne-Aldrich ont tous été des tarifs hautement protectionnistes. On les a accusés de favoriser, non pas seulement — comme il serait légitime — l'industrie nationale ou les intérêts du Trésor, mais des intérêts particuliers et surtout ceux des grands trusts. En même temps, et sans doute sous l'action des mêmes causes, le parti républicain se trouvait entraîné à une politique de conquête, d'expansion territoriale ; il augmentait les armées de terre et la flotte. Il s'éloignait, en un mot, de plus en plus du programme des démocrates. Enfin l'organisation politique des partis, le fonctionnement de la « machine », comme on dit là-bas, et surtout du côté républicain, où se manifestaient les avantages d'une longue domination, achevait de préparer un regain de faveur aux idées opposées et au parti si longtemps évincé.

Le président Roosevelt l'avait-il prévu, et faut-il expliquer par cette prévision ses retentissants discours contre les trusts et ses attaques contre les politiciens qui actionnent la « machine » et en assurent le fonctionnement ? Il a fait mieux que de prévoir. Américain éminemment représentatif, en communion intime avec son temps et son pays, il a lui-même senti l'action des causes qui allaient produire cette réaction. Ce n'est point à dire que le parti républicain, sous sa présidence, ait évolué vers le programme des démocrates. Le Président, autant par suite des circonstances (guerre hispano-américaine, poussée impérialiste), que par son tempérament et ses idées personnelles, se trouva au contraire amené à faire passer au premier plan les préoccupations d'ordre national et fédéral. Mais sa campagne de 1907 contre les corporations financières rompait violemment avec la tradition de son parti et la tactique que lui avait fait adopter Mac Kinley. Sur quelques points essentiels il se trouvait placé lui-même dans l'état d'esprit que devait manifester la réaction de novembre 1910. Consciemment ou non il l'a préparée par les derniers actes de sa présidence et très consciemment, très résolument, il a entrepris, depuis sa rentrée en Amérique, de transformer, d'élargir, d'adapter son parti à la situation nouvelle, en intégrant à la doctrine républicaine tout ce qu'elle lui semble pouvoir et devoir s'assimiler de la doctrine démocrate, si elle veut arriver à correspondre vraiment aux besoins d'aujourd'hui. C'est ce qu'on appelle le nouveau nationalisme, « New Nationalism ».

M. Roosevelt vient de l'exposer dans un volume qui porte ce titre. Il ne peut être question ici que d'en dégager l'esprit. Il est évident que le développement, dans le pays, de grands intérêts particuliers aussi puissants, aussi affranchis de scrupules et aussi bien organisés que les trusts, d'une part, et les unions du travail, d'autre part, a créé une situation à laquelle les fondateurs de la République n'avaient pas un instant songé. Cette situation exige un contrepoids ; M. Roosevelt estime qu'il ne se trouvera que dans une opinion nationale prenant corps d'une manière plus effective et dans une organisation plus forte de l'intérêt national lui-même.

En d'autres termes, les transformations que les États-Unis ont subies depuis 1870, à peu près, y ont fait apparaître un problème social, et ce problème social ne se pose pas seulement comme le problème de la pauvreté, de l'inégalité des richesses; il est bien plus grave. Il s'agit d'empêcher les divisions qui se sont introduites dans la société de dissoudre cette société; il s'agit de conserver à une société qui se trouve maintenant très fortement différenciée l'équilibre de la santé et de l'unité.

M. Roosevelt considère que la condition des grands trusts, d'une part, que la constitution des unions du travail d'autre part, qui en sont la contre-partie, et enfin l'organisation de ce qu'on appelle en Amérique « la machine », c'est-à-dire l'organisation des partis en vue de faire passer l'influence, qui devrait appartenir à la masse électorale, dans ces partis eux-mêmes, M. Roosevelt estime que tout cela a produit, dans la société américaine, un mouvement de désintégration et qu'elle risque maintenant d'être tirée en divers sens par des intérêts divergents et qui sont tous des intérêts particuliers.

Dans de telles conditions, il pense qu'il faut un autre principe politique que celui des démocrates : « droits égaux pour tous sans privilèges spéciaux pour personne ». Il estime qu'il faut abandonner cet individualisme jeffersonien qui, à l'origine de la république, avait sa raison d'être, qui avait sa fonction normale à remplir dans la vie politique, et qui est resté le fond de la vieille doctrine démocrate. Il faut faire revivre la pratique d'une action nationale vigoureuse, pour l'accomplissement d'un dessein national. Tel est le principe du nouveau nationalisme; mais je n'ai encore indiqué qu'un de ses aspects, et voici l'autre.

Si le nouveau nationaliste se bornait à cet aspect-là, il ne serait pas autre chose que la vieille doctrine républicaine de l'origine, la vieille doctrine de Hamilton et il ne tiendrait compte que de l'un des deux éléments qui assurent ensemble la vitalité du puissant organisme politique et social qu'est l'Union américaine. Il sacrifierait le point de vue individuel au point de vue national et, pour reprendre les termes mêmes de Webster, la liberté à l'union. Or telle n'est pas la pensée de M. Roosevelt.

S'il reprend le principe de Hamilton, c'est pour le transformer en un principe politique entièrement démocratique. Pourquoi ne concevrait-on pas un régime centralisé et fort qui utiliserait le pouvoir et les ressources du gouvernement fédéral en vue d'organiser plus complètement la démocratie américaine et d'en faire passer les principes dans la pratique? M. Roosevelt est sincèrement et fermement convaincu qu'une organisation nationale efficace est l'agent nécessaire de l'intérêt national et des desseins qui le servent. Il a complètement abandonné cet article du Credo traditionnel des démocrates, qu'un gouvernement, dès qu'il assume des responsabilités et qu'il veut y égaler ses pouvoirs, doit être considéré comme dangereux et anti-démocratique. Il pense qu'un gouvernement n'est pas forcément dangereux et antidémocratique quand il remplit ces conditions-là, mais qu'il se met au contraire dans les meilleures conditions pour servir la cause de la démocratie.

Nous sommes donc en présence, semble-t-il, d'une tentative pour concilier les deux principes qui se sont distingués et opposés dès le commencement de la république américaine et dont chacun a donné naissance à l'un des deux grands partis : le principe Hamiltonien d'un pouvoir politique national et efficace, et d'autre part un dessein franchement démocratique. Cette conciliation — si on réussit à la faire — donnera, pensent ses apologistes (1), une nouvelle signification au système de Hamilton et une puissance nouvelle à l'idée démocratique, à la vieille idée de Jefferson. Et il me paraît qu'on pourrait interpréter la crise du parti républicain actuel et la doctrine politique nouvelle que l'on voit poindre dans une minorité de ce parti, comme le résultat, non pas tant d'accidents passagers — dont je ne veux méconnaître ni l'existence, ni l'importance —

1. V. notamment Herbert Croly : *The Promise of American Life*. New-York, The Macmillan Company, 1909.

que comme une évolution normale, logique, naturelle des partis en Amérique.

Est-ce à dire que le long divorce du parti républicain et du parti démocrate soit sur le point de prendre fin? Ceci nous amène à la troisième et dernière partie de cet examen.

*
* *

Il n'y a pas de raison pour que les deux partis traditionnels, qui ont joué si longtemps leur rôle dans la politique américaine, disparaissent jamais, mais ils peuvent se modifier et se transformer. Depuis longtemps déjà, ils avaient perdu de leur raison d'être et de leur signification. M. Henry Van Dyke le disait fort bien, en 1908-1909, dans la série de ses conférences de Sorbonne qu'il intitulait *The spirit of America* : « Les partis en sont venus à être de grandes organisations matérielles, avec des intérêts à défendre et une vie extérieure à perpétuer. Comme toutes les institutions humaines, chacun des deux a l'instinct de la conservation. Ils veulent suivre l'un et l'autre la marée du sentiment populaire. Ils veulent l'un et l'autre rajouter à leur plate-forme électorale des planches où pourront monter de nouveaux électeurs. Quelquefois ils se battent sur les mêmes planches et il est très difficile d'en reconnaître les propriétaires. Actuellement, par exemple, les grands trusts et corporations de l'industrie et du commerce sont très impopulaires. Les démocrates et les républicains se proclament également résolus à sévir et à enrayer. Chaque parti revendique pour lui l'avantage d'être par destination l'ami du peuple, le vrai saint Georges qui ne manquera pas de tuer le dragon. Ainsi vous avez eu l'amusant spectacle de M. Bryan empressé à louer M. Roosevelt de sa conversion aux vrais principes démocratiques, et ajoutant que les démocrates sont les hommes de la situation pour les appliquer, pendant que M. Taft soutient que les mesures populaires sont essentiellement républicaines et que son parti est le seul sur lequel on puisse compter pour en assurer la sage exécution[1]. » Sont-ce là, comme le pensait M. Van Dyke, des « confusions passagères », et n'y faut-il pas plutôt voir la preuve que ces étiquettes sont vaines et ces divisions surannées?

On peut donc considérer comme nécessaire, possible et probable, une nouvelle distribution des partis. En attendant, il y a un parti de plus. A l'heure actuelle, nous sommes en présence non plus de deux, mais de trois partis, et c'est de là que vient le désarroi de la situation, c'est de là qu'est venue la déroute du parti républicain. Le programme immédiat de ce parti est formulé par la Ligue natio-

1. Henry Van Dyke. *Le Génie de l'Amérique*, p. 76, 77.

nale républicaine progressiste, « the national progressist republican league ». La ligue met en avant cinq réformes :

1° Ce qu'elle appelle les « direct primaries », c'est-à-dire que les votants de chaque parti choisissent leurs candidats au lieu d'avoir à choisir entre les candidats qu'on leur présente. Il s'agit de donner aux assemblées du premier degré, aux assemblées primaires une importance dont les ont frustrées les organisations politiques et leurs chefs, les « boss ».

2° Élection populaire des délégués à la Convention nationale. La Constitution des États-Unis prescrit[1] que chaque État désignera de telle manière qu'il sera loisible à sa législature de le régler, un nombre d'électeurs présidentiels égal au nombre total des sénateurs et députés auxquels l'État a droit dans le Congrès. Si, par exemple, un État est représenté dans le Congrès par six députés et deux sénateurs, il aura droit à huit délégués dans la Convention nationale. La réforme en question consisterait à faire nommer ces huit délégués par les électeurs, tandis qu'ils sont choisis actuellement par les organisations de partis.

3° Élection des sénateurs des États-Unis par le peuple. Les sénateurs de l'Union sont élus dans chaque État par la Chambre et le Sénat de l'État.

1. Art. 2, section I.

4° Le référendum, l'initiative et le rappel. L'initiative et le référendum se complètent l'un par l'autre, puisque l'initiative donne au corps électoral d'un État le pouvoir de soumettre des projets de lois à la législature, tandis que le référendum lui donne le privilège de les approuver ou de les rejeter en dernier ressort. Ces deux mesures constituent une force politique dont l'action s'opposerait à celle de la législature, laissant au peuple le premier et le dernier mot en matière législative, au lieu de le placer à cet égard sous l'entière dépendance de ses délégués. Quant au rappel, comme son nom l'indique, c'est un procédé par lequel les fonctions électives peuvent être, par un vote populaire, retirées à ceux qui les exercent et ceux-ci rappelés à la vie privée. Le rappel existe dans certains États pour les fonctions locales. Ainsi, le maire de Los Angeles a été rappelé au cours de la dernière année.

5° Une loi efficace sur les pratiques de corruption.

On conçoit les résistances de la vieille garde du vieux parti républicain et de son organisation professionnelle. Un tel programme menace précisément l'organisation du parti et plus particulièrement la « machine ». Tandis que dans le camp républicain lui-même, le gros des forces donnait de préférence contre cette minorité rebelle et dangereuse des insurgents, le parti démocrate achevait la déroute de ses adversaires divisés. Il n'en faut pas plus, peut-être, pour expliquer la déroute des républicains et l'échec personnel de M. Roosevelt. Mais il ne s'ensuit pas que ce soit la défaite du programme. Quand les démocrates, qui se sont nettement prononcés pour la réforme du tarif et qui paraissent avoir triomphé surtout là-dessus, auront accordé, s'ils l'accordent, cette satisfaction à l'opinion, ils en seront réduits à appliquer, ou peu s'en faut, le programme des « progressistes »; il est fort probable alors que M. Roosevelt saura tirer parti de cette situation, saura parler et agir en conséquence. Il est fort possible aussi que son jour revienne, non pas sans doute à l'élection de 1912 — ce serait trop tôt, et lui-même s'abstiendra, très vraisemblablement, de poser sa candidature — mais peut-être à la suivante, c'est-à-dire en 1916.

En tout cas, il ne s'agit pas ici de pronostics. Ce que j'ai voulu faire, Messieurs, c'est montrer que la crise des partis est plutôt une évolution naturelle et nécessaire, que le vieux parti national, qui s'oppose dans une certaine mesure à la démocratie, et le vieux parti démocrate qui, ne pouvant désormais s'opposer d'aucune manière au parti national, est condamné à l'incertitude de son programme, que ces deux partis, par suite de leur évolution même et à travers leurs oppositions et leurs transactions, ont préparé la voie à un troisième parti, qui veut la force de l'État, pour la mettre au service de la démocratie, — et c'est le programme du nouveau nationalisme.

Avant de l'avoir formulé, avant d'avoir fait campagne pour lui, M. Roosevelt, par les discours et les actes de toute sa carrière, par ceux auxquels sa présidence a donné plus d'éclat, par ceux, enfin, d'une campagne électorale dont le résultat a été malheureux, M. Roosevelt a posé cette question. On ne voit pas bien quel homme d'État, en Amérique, soit dans l'un, soit dans l'autre des partis, serait capable de lui prendre son programme pour le faire triompher sans lui.

Si, pour conclure, ce programme, qui n'est pas encore celui d'un parti organisé, est, comme je le crois, la conséquence d'une évolution normale des partis, on peut admettre que la défaite de son principal champion n'est qu'un accident de la crise, comme la crise elle-même n'est qu'un moment de cette évolution.

Dans ce cas, les élections signifieraient la défaite de la vieille garde républicaine bien plus que la victoire des démocrates, et les échecs personnels de l'ancien président ne présageraient ni la défaite de son programme, ni même la ruine de sa propre destinée politique. Il faut seulement laisser à l'opinion américaine le temps de se ressaisir et de voir clair dans ses réflexes spontanés. Nous ne pourrions imaginer situation plus intéressante à observer que celle-ci.

C'est un chapitre nouveau de l'histoire politique des États-Unis que nous avons commencé de lire, et jamais plus passionnante lecture ne s'est heurtée avec une curiosité plus naturelle et plus impatiente à la formule dont les romans-feuilletons n'ont point le privilège, ni le monopole : *La suite à demain.* (*Vifs applaudissements.*)

LES ÉTATS-UNIS ET LA CRISE DES PARTIS

II

DISCOURS DE M. LE GÉNÉRAL BRUGÈRE

MESSIEURS,[1]

Je suis certainement l'interprète fidèle de vos sentiments, en remerciant et en félicitant M. Firmin Roz de sa belle et savante conférence.

Il a traité devant nous un sujet difficile et même délicat, à un moment où les partis politiques aux États-Unis sont déjà en présence et se préparent à une lutte sérieuse, dont on ne peut prévoir les résultats, car ils dépendront surtout des candidats qui seront désignés.

Il a montré clairement l'évolution qui, depuis un certain nombre d'années, a été faite par les deux grands partis d'autrefois, les républicains et les démocrates. Ces partis ont modifié tellement leurs plates-formes, qu'elles semblent presque se confondre et tendent à devenir progressivement les mêmes.

Je crois, et c'est ce qu'a semblé dire M. Firmin Roz, que quel que soit le parti qui triomphera, le programme qui sera appliqué par le gouvernement élu sera à peu près le programme Roosevelt, c'est-à-dire que le gouvernement sera de moins en moins pro-

1. Discours prononcé par M. le général Brugère, le 7 avil 1911.

tectionniste ; il pratiquera l'impérialisme ; il augmentera son armée ; il créera une flotte puissante, la flotte la plus puissante du monde, disent les Américains. Les ressources financières qu'ils ont à leur disposition le leur permettront facilement.

D'après notre éminent conférencier, M. Roosevelt, qui s'est lancé tout récemment dans la lutte des partis avec l'ardeur, l'énergie, la conviction qui le caractérisent et qui a subi un échec considérable, ne sera pas candidat aux prochaines élections, mais il le sera plus tard et il pourra alors être élu, car ce sont ses idées qui auront triomphé.

Personnellement, je le souhaite ardemment, car le président Roosevelt est un homme de grande valeur, qui a rendu et qui rendra encore à son pays et à l'humanité d'immenses services. J'ai pour lui une haute estime, une profonde admiration. Il veut bien m'honorer de son amitié et j'en suis fier. On n'approche pas cet homme sans avoir pour lui une vive sympathie et c'est ce qui m'est arrivé lorsqu'en 1902 je l'ai vu à Washington. J'étais alors le chef d'une mission que notre gouvernement envoyait aux États-Unis représenter la France à l'inauguration du monument élevé en l'honneur du maréchal Rochambeau.

J'ai eu avec lui de longues conversations, pendant mon séjour à Washington d'abord, et à Naples ensuite, lorsqu'ayant quitté la présidence des États-Unis, il partait pour le voyage en Afrique dont vous avez entendu parler.

Je ne dois pas vous répéter ces conversations ; mais ce que je puis dire, ce que je tiens à affirmer, c'est que M. Roosevelt, lorsqu'il parle de la France, le fait dans les termes les plus chaleureux et les plus reconnaissants. Il considère les deux républiques comme deux sœurs qui doivent toujours s'aimer, s'entendre et se soutenir. Il n'oublie pas les services que la France a rendus à l'Amérique et il voudrait que tous les Américains, même les nouveau-venus, les connussent. Ce n'est pas à nous, Français, à les leur rappeler. C'est à nos nombreux amis des États-Unis, aux descendants des vieilles familles américaines dont les ancêtres ont combattu sous Washington aux côtés des soldats de Rochambeau, à ces *Cincinnatis* qui reçoivent si bien les Français qui vont en Amérique, c'est à eux tous qu'il appartient de faire connaître à leurs concitoyens les origines de l'étroite amitié qui existe entre les deux pays, amitié qui doit être inébranlable et qui doit résister à toutes les épreuves.

A ce sujet, je me permettrai de vous citer une petite anecdote qui a été racontée par le général Porter dans un banquet donné à New-York en l'honneur de notre mission. Plusieurs d'entre vous ont certainement connu l'ancien ambassadeur des États-Unis à Paris et apprécié comme moi sa droiture et son esprit.

C'était en 1831 ou 1832, disait le général Porter; le marquis de Lafayette faisait son septième ou huitième voyage en Amérique, on le recevait partout avec des ovations immenses, avec des honneurs tout particuliers. Le maire d'une localité voisine de Baltimore venait de le haranguer et de le féliciter sur la grande part qu'il avait prise à la Révolution de 1830, en France. Le marquis avait répondu par quelques remerciements; le maire s'avance vers Lafayette, lui serre la main et le regardant fixement, lui dit : « Monsieur, est-ce que c'est la première fois que vous venez en Amérique? » (*Rires.*)

Je ne sais pas si l'anecdote est vraie. Si elle ne l'est pas, elle a été sûrement imaginée pour prouver qu'à cette époque-là, comme malheureusement aujourd'hui, il y avait beaucoup de braves gens en Amérique qui ignoraient complètement le rôle que la France a joué dans la guerre de l'Indépendance.

Si je ne craignais pas de vous retenir ici trop longtemps, je vous raconterais un fait curieux qui s'est passé à une réception grandiose donnée à notre mission par la Société Irlandaise des fils de Saint-Patrick, de New-York. Ce fait corrobore l'anecdote du général Porter.

Cette réception des enfants de Saint-Patrick a laissé dans mon esprit, et dans l'esprit de tous les membres de la mission, un souvenir inoubliable. Le comte de Rochambeau, que j'apercois devant moi dans cette salle, ne me démentira certainement pas.

La ville de New-York compte au moins 5 millions d'habitants, en y comprenant New-Jersey et Brooklyn. Il y a au maximum 20 ou 25.000 Français. Les Allemands y sont au nombre de un million au moins. Ils avaient fait un accueil chaleureux au prince Henri de Prusse, qui était venu aux États-Unis un mois avant nous. Les 8 ou 900.000 Irlandais qui habitent New-York, se souvenant des liens qui avaient existé autrefois entre la France et l'Irlande, avaient tenu à se joindre à nos compatriotes trop peu nombreux pour nous recevoir dans leur ville, et leur Société la plus puissante nous avait offert un banquet dans une salle comble qui contenait plus d'un millier de personnes.

Je me rappelle, et le comte de Rochambeau se rappelle aussi, cette escorte brillante du régiment Irlandais de la garde nationale de New-York, le 69e en entier, musique en tête, drapeau déployé, le colonel à cheval à notre portière, nous menant, à travers la cinquième avenue, de notre hôtel à la salle Delmonico où avait lieu le banquet. Je n'oublierai jamais notre entrée dans cette salle, richement pavoisée, brillamment illuminée, où chaque convive, tenant dans la main un drapeau français, un drapeau américain et un drapeau irlandais, réunis en un seul faisceau, acclamait la France.

Puisque j'ai été amené à parler de cette Société

des fils de Saint-Patrick, ma pensée se reporte vers leur président d'alors, le juge à la Cour suprême, James O'Gorman, qui vient d'être élu sénateur de l'État de New-York et dont le nom était cité tout à l'heure par M. Firmin Roz. Que m'importe qu'il soit démocrate, républicain ou insurgent ! je sais qu'il aime sincèrement la France et c'est à ce titre, qu'au nom de la mission Rochambeau, en votre nom à tous je lui envoie mes plus chaleureuses et plus affectueuses félicitations.

Certes, nous n'avons pas à nous immiscer dans les luttes intérieures des États-Unis, pas plus qu'ils n'ont à se mêler des nôtres. Il nous suffit que le gouvernement qui sortira de leurs élections aime la France et, d'accord avec le nôtre, cherche tous les moyens de resserrer les liens séculaires qui nous unissent.

Nous avons beaucoup à gagner, les uns et les autres, à nous voir, à nous fréquenter, à nous connaître davantage. C'est pour cela que nous, Français, nous devons faire un bon accueil aux Américains qui viennent en France, tâcher d'en augmenter le nombre en facilitant leurs voyages, en les aidant, en les guidant dans leurs travaux, dans leurs recherches, dans leurs études.

Nous devons aller nombreux dans leur pays, où nous avons aussi à apprendre beaucoup, car on y voit ce qu'a pu produire, dans un temps relativement court, un peuple laborieux, énergique, persévérant, sage, ingénieux, qui s'appuie sur la liberté, le droit, la justice, la tolérance, pour se tenir en garde d'un côté contre le despotisme, de l'autre contre l'anarchie.

Je ne saurais trop recommander à mes jeunes auditeurs de ce soir, à tous les jeunes Français du reste, d'aller aux États-Unis, pour voir de près ce grand peuple, pour profiter des exemples qu'il a donnés et qu'il donne encore à l'univers entier. Ils y trouveront des amis sincères, qui les accueilleront à bras ouverts.

Quand on est allé, comme moi, dans ce pays hospitalier, on en rapporte un souvenir ineffaçable. On sent que l'amitié qui existe entre les deux peuples, amitié cimentée par le sang de leurs soldats versé en commun, est plus étroite que jamais et l'on éprouve le besoin de la resserrer encore.

C'est dans ce sentiment de cordiale sympathie pour les États-Unis que j'évoque les paroles célèbres que leur adressait le comte de Rochambeau le 27 novembre 1781, au moment de rentrer en France. Je les ai rappelées en 1902, devant sa statue, à Washington, en présence du président et des représentants du peuple américain. Je les répète ici en terminant : « Entre eux et nous, à la vie et à la mort ! » (*Applaudissements prolongés.*)

LA DOCTRINE DE MONROE
ET LE PANAMÉRICANISME

I

ALLOCUTION DE M. PAUL DESCHANEL

DE L'ACADÉMIE FRANÇAISE
DÉPUTÉ D'EURE-ET-LOIR
PRÉSIDENT DE LA SOCIÉTÉ DES ANCIENS ÉLÈVES ET ÉLÈVES
DE L'ÉCOLE DES SCIENCES POLITIQUES

MESDAMES ET MESSIEURS[1],

Je vous apporte les excuses de M. Jules Cambon. Notre ambassadeur en Allemagne est actuellement retenu à Berlin. Je le regrette d'autant plus vivement, que nous aurions été heureux de recevoir parmi nous et d'applaudir un homme qui a rendu à la France tant de signalés services. Personne n'aurait pu présider avec plus d'autorité et de compétence une conférence sur la doctrine de Monroë, que l'éminent négociateur du traité de Paris, du traité de paix de 1899 entre les États-Unis et l'Espagne. J'espère que M. Jules Cambon pourra nous dédommager quelque jour.

Je me félicite de retrouver à cette place M. André Tardieu. Nous n'avons pas perdu le souvenir de la belle conférence qu'il a bien voulu nous faire il y a deux ans sur le Maroc. Le sujet qu'il doit traiter devant nous ce soir est bien fait pour tenter ce ferme et lumineux esprit. C'est autour de la doctrine de Monroë que, depuis près d'un siècle, ont

1. Allocution prononcée par M. Paul Deschanel, le 28 avril 1911.

gravité, en quelque sorte, toute l'histoire et toute la politique des États-Unis. Cette formule, tournée d'abord contre l'intervention, contre les ambitions de l'Europe, s'est prêtée peu à peu aux ambitions de l'Amérique, surtout de l'Amérique du Nord. C'est un Américain du Nord qui disait, je crois, à propos de la politique américaine dans les affaires du Vénézuéla : « Faut-il dire *la* doctrine Monroë, ou *une* doctrine Monroë, ou *des* doctrines Monroë ? »

Ce sont ces étapes successives que nous allons franchir avec M. André Tardieu. Nous serons heureux d'entendre sur un tel sujet, un des plus étendus qui s'offrent à l'historien, ce politique sagace, réaliste et, vous le savez, peu enclin aux chimères. Je me hâte de lui donner la parole. (*Applaudissements.*)

LA DOCTRINE DE MONROE ET LE PANAMÉRICANISME

II

CONFÉRENCE DE M. ANDRÉ TARDIEU

RÉDACTEUR DU BULLETIN DE L'ÉTRANGER DU « TEMPS »
PREMIER SECRÉTAIRE D'AMBASSADE HONORAIRE
PROFESSEUR A L'ÉCOLE DES SCIENCES POLITIQUES

Mesdames et Messieurs[1],

Comme vous le disait M. Deschanel — et j'en ressens quelque inquiétude — le sujet que je suis appelé à traiter ce soir devant vous est vaste, très vaste même, car la doctrine de Monroë c'est, en somme, la politique extérieure des États-Unis, se développant entre les intérêts permanents qui l'ont déterminée dès son origine, d'une part, et d'autre part les intérêts ultérieurs et momentanés qui l'ont ensuite modifiée.

Ce n'est pas, je dois l'avouer, à mes yeux du moins, une question de droit international, et je n'ai jamais pu concevoir comment la doctrine de Monroë a pu prendre place parmi celles qui aspirent à régler juridiquement les relations des nations entre elles. J'y ai toujours vu, pour ma part, le sommaire, parfaitement légitime d'ailleurs, d'intérêts politiques, un programme qui résume non des droits, mais des faits, qui n'exprime pas des principes, mais des intérêts et qui, par ses évolutions mêmes, a suivi et caractérisé la situation des États-

1. Conférence faite par M. André Tardieu, le 28 avril 1911.

Unis vis-à-vis de l'Amérique et vis-à-vis du reste du monde.

Si j'espère qu'il me sera possible, au terme de mon exposé, de vous amener à cette conception, je m'en voudrais, en ce moment, de hasarder une affirmation qui pourrait vous paraître téméraire, si je n'avais pour la justifier l'autorité d'un homme à coup sûr qualifié pour exprimer son opinion sur la politique américaine, car il a contribué à la faire, je veux parler du président Roosevelt.

Le président Roosevelt, il y a quinze ans, écrivait au sujet de la doctrine de Monroë ceci, que je vous demande la permission de vous lire, où vous retrouverez la brutalité pittoresque de son style : « Un avocat de talent du barreau de New-York remarquait un jour qu'il n'avait jamais rencontré un homme de loi d'accord avec le secrétaire d'État Olney sur l'interprétation légale de la doctrine de Monroë. Cette remarque, ajoute M. Roosevelt, avait pour principal intérêt de démontrer combien l'avocat en question avait l'esprit borné. L'avocat aurait aussi bien pu dire qu'il n'avait jamais rencontré de dentiste d'accord avec M. Olney. »

La doctrine de Monroë n'est pas une question de loi, c'est une question de politique. Voilà la vérité. Cette doctrine dont l'éminent sénateur américain, M. Lodge, me disait, il y a trois ans, qu'elle constituait le credo national des États-Unis, cette doctrine m'apparaît comme la résultante de deux forces, l'une qui est l'intérêt américain, l'autre qui est la puissance américaine, ou, si vous voulez encore, elle me paraît être pour les États-Unis la résultante de ces deux termes entre lesquels se meut la politique des nations : le désirable et le possible.

*
* *

C'est le 2 décembre 1823 que le président James Monroë publia le message auquel son nom est resté attaché et qu'on appelle encore aujourd'hui la doctrine de Monroë. Ce message, assez diffus, comme le sont souvent les documents américains, se ramène, si on le dégage des considérations accessoires, à quatre affirmations, je devrais dire plutôt à quatre négations.

Sur ces quatre négations, il y en a deux qui sont opposées à l'Europe, deux qui sont imposées aux États-Unis.

Les négations opposées à l'Europe peuvent se résumer ainsi : Les États-Unis de l'Amérique du Nord estiment qu'à cette date, 1823, il n'y a plus place sur le territoire du Nouveau-Monde pour une plus ample colonisation. Seconde négation : Les États-Unis estiment, en outre, qu'il n'y a plus place sur le territoire du Nouveau-Monde pour une intervention exercée au nom des principes politiques qui règnent alors en Europe.

Voilà les négations opposées par les États-Unis aux tentatives, soit d'annexion, soit d'intervention de l'Europe dans le Nouveau-Monde. Viennent ensuite deux autres négations que les États-Unis s'imposent à eux-mêmes.

Tout d'abord les États-Unis déclarent qu'ils n'ont pas l'intention d'intervenir dans les affaires de l'Europe, et ils déclarent ensuite qu'ils n'ont pas l'intention de porter atteinte aux possessions coloniales que les puissances européennes, à cette époque, possèdent encore dans le Nouveau-Monde.

Il ne vous échappera pas qu'à la base de ces quatre affirmations négatives on trouve ce postulat, qu'entre l'Ancien et le Nouveau-Monde il y a une séparation quasi-absolue. Si l'on voulait résumer vulgairement et brutalement la doctrine de Monroë telle qu'elle apparaît dans le message de James Monroë, on dirait : « L'Amérique aux Américains » et : « L'Europe aux Européens. »

Mesdames et Messieurs, cette doctrine, qui fit moins de bruit à l'époque qu'elle n'en a fait depuis, n'apparaissait pas au jour de sa naissance sur une table rase. Ce n'était pas, pour reprendre l'expression du prince de Bulow, « une théorie hasardeusement lancée sur les flots bleus de la politique conjecturale ». Ce n'était pas une doctrine. C'était l'expression très opportuniste, très pratique, et je dirai très momentanée, d'un intérêt positif.

Pour comprendre ce que fut pour les Américains de 1823, la doctrine de Monroë, il faut voir quelle était à cette date la situation des États-Unis vis-à-vis de l'Europe.

Les États-Unis se trouvaient aux prises ou en affaire avec l'Europe à deux occasions, l'une assez secondaire et passagère : un conflit de frontière entre le gouvernement de l'Union et le gouvernement russe au sujet des limites de l'Alaska ; l'autre plus générale : la situation des colonies espagnoles de l'Amérique du Sud, qui venaient de se révolter et contre lesquelles on craignait que ne fût dirigée d'Europe, et non point seulement d'Espagne, une intervention répressive. Je dis d'Europe et non point seulement d'Espagne, car à cette époque la Sainte-Alliance résumait les doctrines politiques des gouvernements européens, et cette doctrine était basée, contre le double péril du libéralisme, d'une part, et du nationaliste de l'autre, sur le droit d'intervention des dynasties restaurées après la chute de l'Empire.

La question espagnole, en tant qu'elle concernait l'Amérique du Sud, justifiait en principe une intervention de l'Europe, une intervention de la Sainte-Alliance, strictement conforme à toutes les doctrines politiques du temps, car les colonies espagnoles s'étaient affranchies au nom de la nationalité et au nom de la liberté, deux raisons par conséquent, d'essayer de les ramener dans le devoir dynastique et dans le devoir monarchique.

Pour les États-Unis de l'Amérique du Nord arrivés à la vie et à l'indépendance peu d'années auparavant, cette situation était préoccupante, car ils n'avaient pas alors de forces militaires ni navales qui leur permissent de tenir tête à l'intervention d'une grande puissance européenne. Ils pouvaient craindre en conséquence que, si le procédé répressif réussissait vis-à-vis de l'Amérique latine, la pensée ne vînt à quelque puissance européenne de vouloir le leur appliquer par la suite.

D'autre part, vis-à-vis de ces jeunes républiques sud-américaines, ils ne pouvaient pas ne pas se sentir animés d'un esprit de sympathie car en somme ce qu'elles venaient de faire contre l'Espagne c'était, à peu de chose près, ce que les États-Unis avaient fait, pour naître contre la Grande-Bretagne.

Enfin, du point de vue de l'intérêt le plus positif, les États-Unis ne pouvaient pas ne pas souhaiter garder comme voisins immédiats dans le Nouveau-Monde des républiques naissantes, en retard sur la leur, plutôt que de retrouver dans ce Nouveau-Monde des puissances européennes fortes de leur passé et de leurs richesses acquises.

Ce qui fait que, si l'on veut interpréter historiquement, c'est-à-dire politiquement, la doctrine de

Monroë, elle apparaît d'abord, comme l'expression américaine de ce qui, alors, agitait l'Ancien Monde : le principe des nationalités. Cette doctrine de Monroë, telle que l'ont formulée le secrétaire d'État Adams et le président Monroë, c'est le principe des nationalités acclimaté, approprié au Nouveau-Monde ; et c'est en même temps, dès cette époque, l'indication discrète de l'aspiration de l'Amérique du Nord à exercer sur tout le continent américain une sorte d'arbitrage et de contrôle moral.

Dans les années qui suivirent, la doctrine de Monroë fut affirmée à diverses reprises par le Gouvernement des États-Unis. En 1845, le président Polk la précisait en déclarant que son gouvernement était résolu à ne permettre aucune intervention européenne dans l'Amérique du Nord. En 1870, le président Grant allait plus loin et affirmait qu'aucune annexion européenne dans le Nouveau-Monde ne serait admise par les États-Unis, même si cette annexion était demandée par les intéressés. Enfin, en 1884, M. Fleringhuysen, qui était secrétaire d'État aux Affaires étrangères, ajoutait qu'aucun arbitrage relatif aux États-Unis de l'Amérique latine ne serait sanctionné par les États-Unis, même s'il avait été accepté par les États intéressés.

Cependant, dans cette période, il est curieux de constater, et c'est tout à l'honneur du sens réaliste des hommes d'État américains, que la doctrine de

Monroë telle que l'avait formulée James Monroë, a subi de sensibles restrictions.

Je vous montrais tout à l'heure que cette doctrine était en somme négative, doublement négative, à l'égard de l'Europe d'abord, mais négative aussi à l'égard des États-Unis qui s'interdisaient, d'une part, d'intervenir dans les affaires de l'Europe, d'autre part, de toucher aux colonies européennes existant dans le Nouveau-Monde après la libération de l'Amérique du Sud.

Dans cette période de cinquante années, nous trouvons à diverses reprises les États-Unis fidèles à cette seconde partie de la doctrine de Monroë. C'est ainsi qu'en 1867, ils refusent d'annexer Saint-Domingue. Mais nous les voyons par contre contrevenir à la première partie de la doctrine; à diverses reprises, entre 1830 et 1870, nous voyons se produire des événements que les États-Unis auraient dû empêcher s'ils avaient été strictement fidèles aux principes énoncés en 1823.

C'est ainsi qu'en 1846 ils s'inclinent, par nécessité, devant l'établissement du protectorat anglais au Honduras. En 1859, ils signent avec la Grande-Bretagne le traité Clayton-Buwler qui, bien qu'on l'ait contesté depuis, consacrait, par le partage qu'il instituait entre l'Angleterre et les États-Unis en ce qui concerne le contrôle du futur canal de Panama, un abandon de la doctrine de Monroë.

En 1864, les États-Unis s'inspirent de cette doctrine pour combattre victorieusement la politique malheureuse de Napoléon III à l'égard du Mexique. Mais il est curieux de constater que, pas une fois, dans l'échange de correspondances auquel l'affaire mexicaine donne lieu, le secrétaire d'État américain n'invoque la doctrine de Monroë. En 1871 enfin — ceci n'est qu'un détail, mais qui vaut d'être rappelé — les États-Unis acceptent un arbitrage allemand à l'occasion de l'affaire de San-Juan-de-Frica.

Si j'ai rappelé ces faits, c'est que je crois qu'on peut trouver, dans l'histoire de cette période, une confirmation, qui se précisera tout à l'heure, de ce que je disais au début de cette conférence.

Je vous disais que pour moi, la doctrine de Monroë est la résultante des deux forces : l'intérêt américain, la puissance américaine. Or, dans cette période, n'est-il pas évident que l'intérêt américain n'a pas trouvé à son service une puissance américaine qui lui permît de se réaliser ? N'est-il pas évident que, pendant cette période, la doctrine est comme un vêtement trop large pour les États-Unis, vêtement qu'ils ne devaient arriver à remplir et même à faire éclater ultérieurement que par suite du progrès de leurs forces, de leur puissance ? Dans cette période, en effet, les États-Unis n'avaient pas la population qu'ils ont maintenant; ils n'avaient pas d'armée; ils n'avaient pas de flotte; ils devaient être enfin, de

1850 à 1870, profondément divisés par des troubles intérieurs.

D'autre part, ils n'ignoraient pas la défiance de l'Europe à l'égard de la prétention qu'ils avaient exprimée en 1823 d'exclure toute intervention européenne du Nouveau-Monde. A cette époque, l'Angleterre leur avait été favorable, mais plus tard Canning, qui avait accueilli d'abord avec un sourire cette doctrine américaine, dans laquelle il voyait un élément d'équilibre européen, Canning l'avait déclarée « assez extraordinaire », et, trente ans plus tard, Bismarck, plus brutal, avait dit : « La doctrine de Monroë est une impertinence internationale. »

En résumé pendant cette première période, la doctrine de Monroë est une sorte d'idéal vers lequel les États-Unis s'acheminent, mais que leurs moyens matériels et moraux ne leur permettent pas encore de traduire en actes.

*
* *

Il faut arriver à l'année 1895 pour voir tout à coup, avec une soudaineté qui d'abord paraît inexplicable, cette doctrine, la veille encore timide et indécise, s'affirmer avec la hauteur d'un ultimatum.

A quelle occasion ? A une occasion bien secondaire en apparence, un conflit de frontière relatif à la

Guyane anglaise survenu entre le gouvernement britannique et le gouvernement du Vénézuela. Le Vénézuela demandait l'arbitrage, l'Angleterre le refusait, et les journaux de l'époque n'attachaient à ce débat entre deux États d'inégale valeur que la plus médiocre importance.

Tout à coup la voix des États-Unis retentit dans ce dialogue que personne n'écoutait et l'on eut le sentiment dans les deux mondes, aussi bien en Amérique qu'en Europe, que quelque chose de nouveau était né, je ne dis pas dans le droit international, mais dans la puissance relative des nations.

En effet, le secrétaire d'État américain, qui était alors M. Richard Olney, venait de publier le 28 juillet 1895 une note que je vous lirais si je ne savais combien les citations et les lectures sont de nature à alourdir un sujet déjà austère par lui-même. M. Richard Olney que j'ai eu l'honneur de connaître quand je suis allé en Amérique, il y a trois ans, m'a donné après quinze ans écoulés, l'impression vivante de ce qu'il fut en cette occasion : ce vieillard robuste, qui partage son temps entre son cabinet d'avocat et une vie sportive très intense, dont le regard par son reflet m'a rappelé le Bismarck de Lembach, donna alors à la politique américaine, auparарant incertaine et flottante, une vigueur, je dirai même une brutalité qui surprit l'ancien monde.

La note de M. Olney du 20 juillet 1895, en réponse

à la lettre de l'ambassadeur d'Angleterre qui refusait l'arbitrage énonçait trois affirmations.

La première, c'est que la distance physique qui sépare l'ancien monde du Nouveau-Monde ne permet pas de concevoir ni d'admettre une union politique permanente entre les États de l'Amérique et ceux de l'Europe.

La seconde affirmation, c'est que les États américains sont par nature les amis et les alliés commerciaux et politiques des États-Unis.

La troisième affirmation, qui résumait toutes les autres et qui allait plus loin qu'elles, c'est que les États-Unis étant, en fait, *supérieurs, suprêmes* sur le Nouveau-Monde, ont le droit d'y empêcher les interventions européennes de nature à porter atteinte à leur intérêt.

Et M. Olney ajoutait : « Cela constitue dès maintenant une doctrine de droit public américain. »

M. Olney n'était pas seul à exprimer cette idée car le président Cleveland, qui n'avait pas cependant la réputation d'un téméraire, adressait quelque temps après un message au congrès dans lequel il disait : « Je suis pleinement conscient de la responsabilité que j'encours et je me rends compte de toutes les conséquences qu'elle peut entraîner. »

Cette sorte d'ultimatum pacifique eut un effet immédiat. L'Angleterre, aussi réaliste que les États-Unis, — et comment s'en étonner puisque c'est d'elle en somme que les États-Unis tiennent leur réalisme ? — comprit qu'il n'y avait pas lieu d'insister contre cette affirmation d'une jeunesse et d'une puissance politiques qu'elles n'avaient pas prévues, et elle fit le nécessaire pour que le conflit vénézuélien se réglât à la satisfaction des États-Unis.

C'est cette date de 1895 qui marque l'épanouissement et pour tout dire l'adaptation populaire et nationale de la doctrine de Monroë. Avant cette date, cette doctrine était l'œuvre d'une élite, d'une majorité. A partir de cette date, elle devient l'expression d'un sentiment populaire national, général.

Vous en trouvez la preuve dans ce fait que, au cours des années suivantes, alors que rien de pareil ne s'était fait antérieurement, tous les pouvoirs publics américains, parlementaires et exécutifs, n'ont cessé de la rappeler et de l'affirmer.

Aux élections de 1900, républicains et démocrates croient utile et nécessaire de déclarer que sur la doctrine de Monroë et l'interprétation de M. Richard Olney, ils sont d'accord.

En 1900, à la première conférence de La Haye provoquée par le Tsar, la délégation américaine précise qu'aucun article des conventions qui vont être signées ne devra être entendu comme entraînant pour les États-Unis d'Amérique un abandon de leur attitude traditionnelle à l'égard des questions purement américaines.

Quelques années plus tard, en 1903, la doctrine de Monroë, interprétée dans ce sens radical et brutal, remporta un succès plus pratique. Il s'agissait de l'intervention navale de l'Angleterre, de l'Italie et de l'Allemagne contre le Vénézuela. Les États-Unis, à dire vrai, ne crurent pas devoir s'y opposer, mais à défaut de l'abstention des trois puissances, ils obtinrent, au cours des négociations, cette déclaration faite en pleine Chambre des Lords par le duc de Devonshire : La Grande-Bretagne accepte sans réserve la doctrine de Monroë .»

Par conséquent, en 1903, cette doctrine que Canning déclarait « très extraordinaire », cette doctrine que Bismarck, trente ans plus tard, qualifiait « d'impertinence internationale », était reconnue sans réserve par le gouvernement britannique et sans doute — à la lumière de l'histoire — il n'est pas de puissance européenne dont la reconnaissance fût plus précieuse aux États-Unis que celle de la Grande-Bretagne.

Quand je vous disais tout à l'heure que la doctrine de Monroë se composait de deux négations opposées à l'Europe, j'ajoutais qu'elle se composait de deux négations imposées aux États-Unis. Vous voyez que moins d'un siècle après l'apparition de cette doctrine les deux négations opposées à l'Europe étaient, en fait, acceptées par l'Europe. Il me reste maintenant à vous montrer comment et pourquoi les deux négations que les États-Unis s'étaient d'abord imposées ne les ont pas empêchés de poursuivre depuis lors une politique contradictoire à ce qu'avait été au début la doctrine de Monroë.

*
* *

Cela tient, Mesdames et Messieurs, à ce qu'à la fin du XIXe siècle la situation nationale des États-Unis est essentiellement différente de ce qu'elle avait été pendant le siècle précédent.

Vous pouvez d'abord constater qu'à cette date les vieilles questions qui ont divisé et, parfois, paralysé les États-Unis pendant le XIXe siècle, se sont peu à peu et tour à tour apaisées.

La lutte du Nord et du Sud n'a pas laissé de trace et l'union nationale est absolue. La question de l'étalon d'or, la question des droits de douane, sont également réglées. Enfin, à partir de 1895 et 1896, aucun vestige ne survit de la crise financière de 1893.

Il en résulte pour les États-Unis une prospérité sans précédent, prospérité qui est faite d'une série accidentelle et fortuite de très bonnes récoltes, prospérité qui se manifeste par ce fait que les États-Unis, dans cette période, ne sont plus seulement exportateurs de matières premières — ce qu'ils avaient été toujours — mais aussi, et de plus en plus, exportateurs de produits manufacturés.

Notez ce fait, je vous prie, qu'entre 1895 et 1906, c'est-à-dire pendant une période de dix ans, l'exportation des États-Unis a doublé. En même temps que les États-Unis exportaient leurs produits, soit premiers, soit manufacturés, ils ont commencé comme d'autres puissances, comme les puissances de l'ancien monde, à exporter leurs capitaux. Ce qui fait qu'à la fin du XIXe siècle ou au commencement du XXe, la situation des États-Unis se caractérise par ce double fait que d'importateurs ils sont devenus exportateurs et de débiteurs créanciers, et créanciers, pour une large part, de l'étranger.

Si vous considérez ces deux traits : exportation, d'abord, créances, d'autre part, vous n'aurez point de peine à concevoir que la politique des États-Unis en devait être modifiée. Exportateurs, les États-Unis ont désormais besoin de débouchés, et ils commencent à concevoir que les débouchés ne peuvent pas être à la merci des législations étrangères. Créanciers, ils voient leurs intérêts suivre leur argent et se disperser par le monde.

En ce qui touche l'exportation, je dois reconnaître que la politique coloniale de la France leur a fourni un argument, car avant l'annexion de Madagascar, les États-Unis y exportaient pour 2 millions et demi de marchandises, et, au lendemain de l'annexion, ils y exportaient pour moins de 10.000 francs. Quelques incidents du même genre déterminèrent le gouvernement de l'Union à penser que, pour être sûr d'avoir des débouchés, il vaut mieux se les assurer à soi-même.

D'autre part, comme créanciers ayant des capitaux engagés un peu partout, ils se trouvèrent amenés, même sans l'avoir voulu, — car il faut faire dans le développement politique des peuples la part du hasard comme celle de la préméditation, — ils se trouvèrent amenés à intervenir dans des pays où, jusqu'alors, ils ne s'étaient point manifestés. C'est ainsi que l'importance des capitaux américains engagés à Cuba fut certainement pour beaucoup dans la politique des États-Unis à l'égard de la grande île.

Ajoutez à cela un sentiment d'orgueil, conséquence naturelle de cette richesse soudaine, ajoutez à cela qu'ils avaient, tout près d'eux, la tentation de l'intervention et le théâtre de cette intervention; les colonies espagnoles, continuellement troublées par des insurrections, les républiques de l'Amérique du Sud, dont certaines donnaient déjà la promesse des résultats auxquels elles sont arrivées depuis, mais dont les autres témoignaient de leur incapacité à se gouverner.

Tout cela était pour faire croire aux Américains du Nord — qui sentaient de plus en plus la nécessité de se créer des débouchés — qu'ils pouvaient les trouver à leur portée. Et, de ce fait même, leur politique extérieure ou, si vous le voulez, la doctrine de Monroë — c'est tout un — allait se trouver poussée vers l'évolution que nous allons suivre maintenant.

*
* *

Cette évolution se manifesta d'abord, vous le savez, dans l'ordre colonial. En d'autres termes, les intérêts modernes que je viens de vous indiquer l'emportèrent à partir de 1896 ou 1897 sur les principes anciens de non-intervention que James Monroë avait définis en 1823, lorsqu'il disait que les possessions coloniales de l'Europe dans le Nouveau-Monde n'avaient rien à craindre des interventions américaines.

Vous savez, Messieurs, ce qu'il en résulta : en quelques mois Cuba, Porto-Rico, les Philippines, les îles Hawaï entrèrent dans le domaine américain. Vous savez aussi que tout cela, sauf Cuba, resta colonie américaine, colonie possédée et non pas élevée au rang d'État, car même à Porto-Rico, si proche moralement et matériellement, les États-Unis n'ont pas encore consenti cette faveur suprême et Cuba, dont l'indépendance fut reconnue, est restée, par suite de l'amendement Plat, sous le contrôle des États-Unis qui y ont à deux reprises envoyé une garnison et un haut commissaire.

Tout cela, incontestablement, était contraire à la doctrine de Monroë. Et s'il nous fallait concevoir cette doctrine comme un principe de droit international, on devrait considérer que les États-Unis sont peu excusables d'y avoir manqué. Mais si on la considère, au contraire, comme un programme politique, on est amené à conclure simplement que les États-Unis se sont inspirés des contingences politiques, comme toutes les autres puissances.

Cela est si vrai que, après la guerre avec l'Espagne, l'activité, les aspirations coloniales de l'Union ne se sont pas ralenties. Une négociation a été engagée pour l'achat des Antilles danoises et si cette négociation n'a pas abouti, c'est la faute seule du Danemark dont le Parlement n'a pas ratifié la vente.

Je vous rappelle d'autre part ce qui s'est produit à Panama, les négociations avec la Colombie, puis la révolution, je ne dirai pas provoquée, mais accueillie si favorablement par le gouvernement de Washington, le traité qui donna aux États-Unis une bande de territoire des deux côtés du canal, le droit de faire la police, d'élever même des fortifications, puis le voyage de M. Roosevelt, le voyage de M. Taft, enfin l'intervention dans les élections de la jeune république, ce qui revient à dire que le contrôle de l'Amérique sur le canal de Panama, sur la république de Panama, est absolu et exclusif.

Tout cela ne s'est pas fait sans que les Américains du Nord ne fussent assez divisés au sujet de l'opportunité de ces mesures. Les uns estimaient que l'expansion était une nécessité des temps modernes. Les autres au contraire, pensaient que les annexions, contraires aux principes du droit public fédéral américain, étaient de nature à rendre les États-Unis plus susceptibles d'être attaqués, de livrer prise davantage à leurs possibles adversaires.

Cependant, ces acquisitions coloniales avaient eu des résultats de toutes sortes, dont certains très précieux. D'abord des résultats stratégiques, car les différents archipels annexés assuraient aux États-Unis, soit dans le golfe du Mexique et la mer des Caraïbes, soit dans l'Océan Pacifique, des bases de ravitaillement qui leur avaient manqué jusqu'alors.

Moralement, le résultat était peut-être plus caractérisé et plus précieux encore car les États-Unis, dans ce prompt succès de leur flotte, succès à Cuba, aux Philippines, dans ces affirmations soudaines de leur force, trouvaient la garantie, la caution d'une sécurité morale qu'ils n'avaient auparavant point connue. Ils y trouvaient aussi, en fait, et même en droit, cette constatation que leur vie cessait d'être isolée; qu'ils connaissaient à leur tour des aventures semblables à celles qu'avaient traversées les anciennes puissances de l'Europe et qu'ils étaient capables aussi et plus rapidement même que beaucoup de ces anciennes puissances, de résoudre ces aventures à leur bénéfice exclusif.

De cet état de chose nouveau, conséquence de l'évolution que je vous indiquais tout à l'heure, les répercussions étaient inévitables, et, Mesdames et Messieurs, elles se sont produites à la fois en Amérique et hors d'Amérique.

Ce sont les unes et les autres que je voudrais essayer de résumer rapidement.

*
* *

En Amérique d'abord : ce qui venait de se passer à Cuba dans les colonies espagnoles ne pouvait pas ne pas avoir de conséquence, car à quoi se ramenait l'opération réussie par les Américains du Nord? Les États-Unis avaient supprimé, par l'intervention et contrairement à la doctrine initiale de Monroë, une situation anarchique qui portait préjudice à leurs intérêts économiques et politiques. Retournez les termes de ce problème. Mettez une puissance européenne en face d'une puissance de l'Amérique latine dont l'anarchie chronique — il y en avait à cette époque qui pouvaient illustrer cette hypothèse — met en péril les intérêts européens légitimes. De quel droit les États-Unis, au nom de la doctrine de Monroë, se seraient-ils opposés à une intervention européenne répressive de cette anarchie sud-américaine alors que, l'année d'avant, ces mêmes États-Unis avaient, dans le même dessein et pour les mêmes raisons, mis fin par une intervention répressive à une situation anarchique qui les lésait dans leurs intérêts propres?

De ce jour, la doctrine de Monroë était obligée d'évoluer, et les États-Unis n'avaient pas le choix. Puisqu'ils avaient exercé à l'égard des colonies de l'Espagne dans le Nouveau-Monde le droit d'intervention qu'ils avaient nié précédemment, ils étaient astreints, dans une certaine mesure tout au moins, à reconnaître aux puissances européennes ce même droit d'intervention. Et s'ils croyaient que leur intérêt les obligeât à ne pas laisser ce droit s'exercer, ils étaient obligés de trouver une solution, un expédient, n'importe quoi, qui permît d'éviter la contradiction flagrante qu'aurait constituée la doctrine de Monroë initiale imposée à l'Europe et violée d'autre part par les États-Unis.

C'est pourquoi ils furent amenés, dans cette période nouvelle de leur politique, à définir le moyen terme dont je viens de vous montrer la nécessité absolue. Ce moyen terme, c'est celui que le président Roosevelt et son secrétaire M. Root, ont défini pittoresquement sous le nom de doctrine du « big stick », ou doctrine du gros bâton.

Cette doctrine peut se résumer ainsi : les États-

Unis estiment que, dans leur intérêt, il est nécessaire qu'ils empêchent les interventions européennes dans l'Amérique du Sud. Mais ils reconnaissent que certaines républiques sud-américaines, par leur anarchie intérieure, par la singulière désinvolture dont elles font montre à l'égard des droits de leurs créanciers européens, peuvent se mettre dans le cas d'offrir à des puissances européennes l'occasion justifiée, légitime, de représailles, même militaires. En résumé, les États-Unis veulent empêcher les représailles, et ils admettent en même temps que le principe peut en être juste.

Quelle solution, sinon d'essayer de jouer vis-à-vis des États sud-américains, qui ne rempliraient pas leurs devoirs internationaux, un rôle de tuteur, de contrôleur, armé dans une certaine mesure d'un pouvoir exécutif, se substituant, en d'autres termes, à l'inculpé, pour désintéresser le plaignant ? C'est cela, en somme, que les États-Unis ont fait à Saint-Domingue, quand ils ont mis la main sur les finances dominicaines, quand ils ont très utilement et très rapidement réduit la dette de ce pays et remis de l'ordre dans son administration. Ce n'était pas par l'effet d'un amour désintéressé pour la république dominicaine qu'ils agissaient ainsi, c'était pour éviter qu'une intervention européenne ne se produisît, peut-être avec des conséquences territoriales, dans cette île intéressante.

C'est la même raison qui a déterminé l'attitude du gouvernement de l'Union vis-à-vis d'une autre tentative de certains États de l'Amérique du Sud, je ne dirai pas pour se dérober à leurs responsabilités, mais tout au moins pour les limiter, je veux parler de la doctrine de Drago.

Vous savez que cette doctrine tient son nom de l'homme qui l'a définie et enrichie de nombreux arguments. Elle tend à ceci : que lorsqu'un conflit financier mettra aux prises un État sud-américain avec une puissance européenne, il soit admis, en droit international, que le recouvrement de la créance ne pourra pas être poursuivi par la force.

Je n'ai pas besoin d'insister sur ce fait que, si intéressante que soit la doctrine en droit international, de quelque argument qu'on puisse la nourrir, c'est avant tout une doctrine pratique infiniment commode à tout débiteur quel qu'il soit, personne privée ou État.

Les États-Unis n'ont pas cru toujours, pour la raison que je viens d'indiquer tout à l'heure, pouvoir s'approprier la doctrine de Drago. Ils ont témoigné à son égard une froideur remarquable, et quand cette doctrine, très ingénieusement et très fortement, a été défendue par les délégués des républiques sud-américaines, moins le Brésil, à la Conférence de la Haye de 1907, les États-Unis ont déblayé le débat en faisant adopter une motion, qui est un des rares résultats positifs de la Conférence et d'après laquelle le recouvrement des créances par la force ne pourra désormais intervenir qu'à condition qu'au préalable recours ait été fait aux moyens arbitraux.

Cet incident, comme tant d'autres, prouve que dans la période la plus récente de leur histoire, et par suite de leur politique coloniale, conséquence elle-même de leur situation économique et de leurs progrès ethniques et politiques, les États-Unis ne peuvent plus soutenir la doctrine de Monroë initiale avec l'intransigeance, avec le radicalisme qui au début l'avaient caractérisée.

En un mot, — vis-à-vis des États de l'Amérique latine, auxquels ils ont incontestablement rendu un service signalé en élevant entre eux et l'Europe pendant tout le XIXe siècle la protection d'abord indiscutée et ensuite subie de cette doctrine de Monroë, — la situation des États-Unis est la suivante :

Pour autant que la doctrine de Monroë est négative et protectrice, pour autant qu'elle dresse un mur garanti par les États-Unis et par la force américaine du Nord entre l'Europe et l'Amérique du Sud, les États du Sud seraient disposés à l'acclamer. Pour autant, au contraire, que la doctrine de Monroë, en vertu des mêmes raisons qui ont déterminé la politique coloniale des États, devient pour eux un instrument, un prétexte, une raison d'intervention dans les Affaires de l'Amérique du Sud, pour ces mêmes raisons les républiques de l'Amérique latine, dont certaines ont pris une importance matérielle et morale incontestables, se sentent écartées de la doctrine et de ses représentants par une défiance instinctive.

*
* *

Ainsi, Mesdames et Messieurs, se pose la seconde question qui figure dans le titre de cette conférence : le panaméricanisme.

Le panaméricanisme ? Ce n'est certes point une réalité, ce n'est même pas un idéal, ce n'est pas un but, c'est plutôt l'expression d'une question, c'est un point d'interrogation. Chercher la définition du panaméricanisme, c'est essayer de savoir quelles seront dans l'avenir les rapports de l'Amérique du Nord avec l'Amérique du Sud.

Il y a certainement des raisons en faveur de l'union étroite des États de l'Amérique du Nord avec les républiques de l'Amérique du Sud.

Il y a d'abord des raisons sentimentales. En effet, l'origine historique des États-Unis et des républiques latines est identique par beaucoup de traits. Les États-Unis et les républiques de l'Amérique latine ont secoué un joug qui était non seulement européen, mais monarchique, et ils ont substitué au régime monarchique et colonial un régime autonome et républicain.

Il y a aussi — je l'indiquais tout à l'heure — des raisons politiques, car l'intérêt a été le même, à des dates importantes de leur histoire, pour le Nord et pour le Sud, d'écarter du Nouveau-Monde les emprises de l'ancien.

Il y a enfin des raisons d'ordre économique, car le progrès économique de l'Amérique du Nord ayant devancé celui de l'Amérique du Sud, il serait, en théorie et en pratique, très possible de concevoir qu'elles fussent, l'une pour l'autre, complémentaires, échangeant les matières premières et les produits manufacturés.

Mais, à ces raisons, *pour* l'union panaméricaine, on peut opposer des raisons *contre*. Une d'abord qui répond à la raison sentimentale que j'indiquais tout à l'heure, c'est que, entre l'Anglo-Saxon des États-Unis et le latin de l'Amérique du Sud, les différences de race sont très profondes, assez profondes, à coup sûr, pour contrebalancer les sympathies politiques.

Il y a aussi, contre l'union, des raisons d'intérêt qui viennent de la force même des États-Unis, de ce fait que, pour des puissances jeunes et relativement faibles, un voisin puissant n'est jamais une attraction et n'est jamais de nature à inspirer confiance, d'autant plus que dans l'Amérique du Sud on a évoqué très souvent l'analogie qui a pu exister, qu'on a pu exagérer, entre les efforts des États-Unis pour centraliser l'Amérique et les tentatives de la Prusse pour centraliser l'Allemagne.

Il y a, enfin, des difficultés et des obstacles économiques qui sont de deux sortes. Les uns viennent de la politique ultra-protectionniste des États-Unis qui a toujours opposé un obstacle pratique et décisif aux tentatives poursuivies pour établir entre le Nord et le Sud des traités de réciprocité. Les autres viennent de ce fait que les États-Unis ont trop d'argent, trop de capitaux engagés, dès maintenant, dans les États du Sud et dans certains États de l'Amérique centrale pour pouvoir considérer avec impassibilité les difficultés dont ces États sont le théâtre.

Voyez, par exemple, ce qui est arrivé au Mexique. Il serait inexact d'exagérer les difficultés dont souffre actuellement le Mexique; cependant, ces difficultés, pour limitées qu'elles aient été, comme passagères qu'elles soient, sans doute, ont suffi pour que les États-Unis prissent, sur toute la frontière mexicaine, des précautions assez inhabituelles, des précautions militaires qui ont surpris l'Europe; cela tient à ce que la grande sympathie des États-Unis pour le gouvernement mexicain, pour la personne du président Diaz, pour le régime de sécurité qu'il a fait régner, était basée surtout sur le fait que ce régime d'ordre, assuré au Mexique par le président Diaz, a favorisé les intérêts américains. Dès que ces intérêts sont menacés, vous voyez les États-Unis se préoccuper des mesures à prendre pour défendre leurs capitaux et retirer leur mise du jeu.

Cela dit, il me reste à vous rappeler quelles ont été les tentatives, assez vaines d'ailleurs, poursuivies pour traduire dans les faits et dans les actes ce que l'on a appelé le panaméricanisme.

Il y a d'abord eu des Congrès fréquents. Quand on ne peut pas faire mieux, on fait des Congrès (*rires*); c'est ce que les États-Unis et les États de l'Amérique latine ont fait depuis 1889.

Le secrétaire d'État Blaine avait à l'origine une grande idée : il avait cru que du premier Congrès sortirait l'union douanière ; le quatrième Congrès est passé et l'union douanière n'existe toujours pas.

Il y a eu un Congrès en 1889 à Washington, un à Mexico en 1900, un à Rio en 1906, un à Buenos-Ayres en 1910. Lorsqu'on lit les comptes rendus de ces Congrès, on a de la peine à en dégager quelque chose de positif.

Je me trompe cependant, quelque chose en est sorti, quelque chose qui s'est développé : le bureau panaméricain de Washington. Ce bureau, fondé en 1890, n'était au début qu'un organe d'information auquel on pouvait s'adresser avec fruit, mais auquel, en général, et en fait, on négligeait de s'adresser. Il a végété pendant une quinzaine d'années jusqu'au jour où un Américain fort actif, M. John Barrett a été mis à sa tête. Il a su, depuis lors, solliciter et obtenir un don généreux de l'inépuisable donateur qu'est M. Carnegie. Le bureau des républiques sud-américaines a trouvé ainsi de quoi se construire, avec l'aide d'ailleurs du gouvernement de l'Union, un home, un foyer dont j'ai vu s'élever les premières fondations.

Mieux que le palais, il y a à l'heure qu'il est une commission exécutive panaméricaine où tous les États du Sud ont des représentants; il y a des échanges de vues, des correspondants, il y a un bulletin régulier, il y a une sorte de club qui centralise les hommes et les idées. Cependant, jusqu'à présent, rien d'important n'est sorti de cette tentative, d'ailleurs intéressante.

Il y a eu, en outre, — et elles sont peut-être plus efficaces — il y a eu les tentatives personnelles des hommes d'État américains pour prendre sur l'Amérique du Sud une influence morale, un crédit, une autorité qui leur avaient un peu manqué, il faut l'avouer, depuis que la politique coloniale des États-Unis s'est affirmée. Il y a eu, en 1906, le grand voyage du secrétaire d'État Root, pendant lequel M. Root, avec l'extrême souplesse verbale et l'ingénieuse dialectique qui caractérisent ce grand avocat, s'est appliqué à rassurer les États de l'Amérique du Sud, à les libérer de la crainte qu'ils ressentaient et qu'ils ne cachaient pas, à l'égard des ambitions de la puissante république du Nord.

« Nous considérons, déclara-t-il, l'indépendance et les droits des membres les plus petits et les plus faibles de la famille des nations comme aussi dignes de respect que ceux du plus grand empire, et nous voyons dans ce respect la principale garantie des faibles contre l'oppression des forts.

« Nous ne prétendons et nous n'aspirons à aucun droit, à aucun privilège, à aucun pouvoir que nous ne reconnaissions également à chacune des républiques américaines. »

Et cependant, si vous prenez la situation telle qu'elle est en 1911, vous êtes forcés de constater, pour établir le bilan du panaméricanisme, d'abord que l'union commerciale n'existe pas et que les traités de réciprocité qui ont été signés sont sans effet économique; ensuite que la confiance politique n'existe pas non plus, car les États-Unis ont refusé de prendre à leur compte, telle quelle, la doctrine de Drago à la Conférence de la Haye; et, au dernier congrès panaméricain de Buenos-Ayres, le Brésil ayant déposé une motion qui constatait la reconnaissance de l'Amérique du Sud à l'égard des États-Unis pour les services rendus par eux grâce à l'application de la doctrine de Monroë, l'accueil fait à ce vœu fut tel que ses auteurs eux-mêmes le retirèrent.

Par conséquent, il faut considérer qu'à l'heure

actuelle la situation reste la même, faite d'intérêts et de traditions communs, mais aussi de divergences économiques et de défiances politiques.

Et, si la doctrine de Monroë devait être dans la pensée de ses auteurs, comme on pourrait le déduire de la correspondance de Jefferson, la base d'une union panaméricaine, il faut avouer qu'à cet égard cette doctrine n'a pas trouvé dans les faits la réalisation attendue.

*
* *

Mais, Mesdames et Messieurs, ce n'est pas tout. Cette évolution de la politique américaine que je vous ai montrée tout à l'heure, elle ne s'est pas limitée au champ américain, elle s'est étendue aussi au reste du monde. Ici je vous demande la permission, en deux mots, de revenir à mon point de départ.

Je vous ai dit : doctrine de Monroë : quatre négations, deux opposées à l'Europe (pas d'annexion, pas d'intervention en Amérique) ; deux imposées aux États-Unis (pas d'atteinte aux colonies européennes en Amérique, pas d'intervention dans les affaires européennes).

Vous venez de voir que de la première de ces deux négations il n'est rien resté ; les États-Unis ont pris les colonies espagnoles quand ils ont cru utile de les prendre. Il me reste à vous montrer que de la seconde négation : pas d'intervention dans la politique européenne et dans la politique mondiale, il n'en reste rien non plus, et que de cela, on ne peut, en vérité, faire grief aux États-Unis car ce changement était dans la nature des choses.

Il était dans l'ordre naturel et inévitable que ce peuple, plein de vitalité, de force, d'aspirations et de ressources, se mêlât comme tous les autres peuples à la société des nations au lieu de rester enfermé dans son continent, qui, largement séparé du nôtre en 1823, est plus près de nous, à l'heure qu'il est, que ne le sont moralement certains pays d'Europe.

Quand un peuple a partout des intérêts commerciaux, il est appelé à se mêler de tout. Comme le disait notre regretté maître Émile Boutmy, une nation de quatre-vingt-dix millions d'âmes, qui vend à l'univers le blé, le charbon, le fer et le coton, ne peut pas s'isoler, elle sent que puissance oblige. Sa force lui crée un droit. Le droit se mue en prétention. La prétention se résout en un devoir de se prononcer sur toutes les questions que dénouait naguère l'accord des seules puissances européennes. Ces puissances elles-mêmes, aux heures critiques, se tournent vers les États-Unis, anxieuses de connaître leur opinion. Ils se diminueraient aux yeux du monde, s'ils s'enfermaient dans une abstention négative.

C'est ainsi que, depuis vingt ans, vous avez vu le

gouvernement de l'Union intervenir en Afrique, participer à la conférence de Madrid sur le Maroc, à la Conférence d'Algésiras, ceci de la façon la plus active, et qu'il me soit permis de le dire, la plus utile et la plus favorable à la France, participer aussi aux affaires de cette république africaine d'origine américaine, qui s'appelle Le Libéria, et où il a cru devoir apporter depuis quelques mois des garanties nouvelles de sécurité.

Vous avez vu également les États-Unis participer aux affaires européennes, prendre une part très active aux deux conférences de La Haye; vous les avez vus intervenir, un peu indiscrètement peut-être, dans les affaires intérieures de la Russie; en Orient, vous avez vu le drapeau américain et l'ambassadeur américain suivre leurs missionnaires; vous les avez retrouvés dans des affaires de chemins de fer, d'industrie et de finance.

En Asie, vous avez vu les États-Unis devenir les protagonistes de cette doctrine de la porte ouverte qui résume les aspirations de leur commerce. Vous les avez vus à la veille de la guerre russo-japonaise définir cette doctrine sous la forme à la fois métaphysique et commerciale de l'entité administrative de la Mandchourie qui voulait dire simplement que les États-Unis désiraient que le commerce restât libre en Mandchourie et qu'aucune puissance n'y prît une situation prépondérante.

Vous les avez vus enfin définir par l'organe de leurs écrivains, et bientôt par celui de leurs hommes d'État, une sorte de prétention à la domination du Pacifique. Lisez les ouvrages du capitaine Mahan, lisez quelques-uns des messages de M. Roosevelt et vous verrez que les États-Unis revendiquent surtout ce Pacifique vers lequel les pousse, d'ailleurs, la loi de leur développement qui a été constamment de l'est à l'ouest une véritable prépondérance.

On est confondu, quand on relit les documents parlementaires américains, d'y trouver à une date à laquelle on ne supposait pas qu'elle puisse se produire et se préciser, l'expression de ces aspirations. C'est le secrétaire du Trésor, M. Shaw, qui, il y a vingt ans, s'écriait au Congrès :

« Nos produits, sans égaux, seront transportés à travers toutes les mers, et les États-Unis deviendront de fait, comme ils le sont par nature, les maîtres du plus grand des Océans. »

C'est M. Roosevelt disant : « Notre situation géographique dans le Pacifique est de nature à assurer dans l'avenir notre domination pacifique dans ses eaux si nous saisissons seulement avec une fermeté suffisante les avantages que comporte cette situation. »

C'est le capitaine Mahan allant plus loin et s'écriant : « Nous nous trouvons à l'ouverture d'une période où la question doit être posée de façon décisive, — bien que l'issue en puisse être longtemps différée, — celle de savoir si c'est la civilisation occidentale qui doit dominer d'un bout à l'autre de la terre et en contrôler l'avenir. »

Ces exemples, pris parmi beaucoup d'autres, suffisent à montrer comment la politique américaine, après être devenue coloniale, est devenue mondiale. Cette évolution, les uns la nient ou la regrettent. Je me souviens, à Washington, d'avoir vu des hommes comme M. Lodge, qui a pris une si large part à l'histoire de son pays, essayer de plaider les circonstances atténuantes pour la politique mondiale et commerciale, en insistant sur les raisons morales qui la justifient : « Nous sommes allés à Algésiras pour remplir un rôle de médiation entre les puissances européennes; nous sommes allés en Chine, en 1900, pour arracher les légations à un danger, pour remplir un devoir d'humanité. »

Il y a même des démocrates — j'en ai vus à Washington — qui vous disent : « Cette politique, nous la réprouvons et, notamment, nous ne demanderions qu'à nous débarrasser des Philippines. » Je dois dire, il est vrai, qu'un des députés qui me tenaient ce langage, était candidat à la place de gouverneur des Philippines. (*Rires.*)

Je n'ai pas besoin de vous rappeler que cette politique mondiale a trouvé en M. Roosevelt le plus éloquent de ses apôtres ; comme il me le disait un jour, quand j'ai eu l'honneur de le voir à Washington, et comme il me le rappelait l'an dernier à Paris : « Ce qui nous manque le plus aux États-Unis, c'est de comprendre que nous avons des intérêts dans le monde entier. Je voudrais que tous les Américains eussent le sentiment que la politique américaine est une politique mondiale, que nous sommes et que nous serons mêlés à toutes les grandes questions. » Je crois que, pratiquement, et si l'on considère les faits, on ne peut nier que c'est M. Roosevelt qui a raison. Les États-Unis, qu'on le regrette ou qu'on s'en loue, sont devenus une puissance mondiale.

Et ne suis-je pas, Messieurs, en droit de conclure que l'étude de la doctrine de Monroë est, avec l'histoire de son évolution, celle des intérêts américains ?

Vous avez vu cette doctrine se traduire à son début par une affirmation de non-intervention réciproque.

Vous avez vu ensuite cette non-intervention, pour autant qu'elle s'imposait aux États-Unis, abandonnée en matière coloniale et en matière américaine.

Enfin dans la dernière période, et quotidiennement autour de nous, vous voyez le principe de la non-intervention, pour autant qu'il concerne les affaires du monde, abandonné, comme il l'avait été précédemment dans les affaires américaines.

Si vous considérez aujourd'hui la doctrine de Monroë, vous pouvez la résumer assez simplement.

Elle comporte, d'abord, la fermeture de l'Amérique à l'Europe. Nous avons vu en 1903 une intervention timide, d'ailleurs embarrassée, de l'Angleterre et de l'Italie au sujet du Vénézuéla ; eh bien, je ne sais si je m'abuse, mais je crois que nous ne verrons pas l'équivalent de cette intervention dans les années qui viennent.

En second, lieu les États-Unis ont trouvé en Amérique même la contre-partie de ce succès et l'on peut dire, si paradoxal que cela semble, que la doctrine de Monroë rencontrera désormais plus d'adversaires en Amérique qu'en Europe.

En troisième lieu, cette doctrine n'a plus de sens pour autant qu'elle interdisait aux États-Unis de se mêler des affaires du monde.

Voilà le bilan, et en arrivant au terme de cet exposé, j'ose espérer que ce qui, au début, avait pu vous surprendre, à savoir l'affirmation que la doctrine de Monroë n'a rien de juridique, qu'elle est exclusivement politique, j'ose espérer, Mesdames et Messieurs, que cette affirmation vous paraît justifiée par les faits.

Toute l'histoire du dernier siècle prouve que la doctrine de Monroë, avec ses variations, avec son évolution, avec ses changements et cependant avec son but persistant a été, comme je le disais tout à l'heure, la résultante de deux forces, l'une qui était l'intérêt américain, l'autre qui était la puissance américaine, ou, comme je le disais aussi, la rencontre du désirable et du possible.

Je dois ajouter que tous les Américains que je connais, à quelque parti qu'ils appartiennent, quelque restriction qu'ils apportent à l'expression de leur pensée, sont tous au fond d'accord avec cette affirmation de M. Roosevelt : « Nous autres citoyens des États-Unis, nous n'avons pas à nous demander si nous jouerons ou si nous ne jouerons pas un grand rôle dans le monde ; ce rôle nous a été fixé par le sort, par la marche des événements, il nous faut jouer ce rôle ; tout ce que nous pouvons décider c'est si nous le jouerons bien ou mal. » C'est dans cette affirmation qu'il faut chercher la clef de la doctrine de Monroë. Elle résume la conscience du peuple et je n'ai trouvé personne qui la discutât. Ai-je besoin d'insister sur ce qu'une pareille unanimité morale peut et doit, dans la lutte pour la vie dont le monde moderne est le théâtre entre les peuples, assurer à celui qui en est animé de satisfactions morales et de victoires matérielles ? (*Applaudissements prolongés.*)

LA DOCTRINE DE MONROE
ET LE PANAMÉRICANISME

III

DISCOURS DE M. PAUL DESCHANEL

DE L'ACADÉMIE FRANÇAISE
DÉPUTÉ D'EURE-ET-LOIR
PRÉSIDENT DE LA SOCIÉTÉ DES ANCIENS ÉLÈVES ET ÉLÈVES
DE L'ÉCOLE DES SCIENCES POLITIQUES

Vous le voyez, Mesdames et Messieurs[1], c'est bien toute la politique extérieure des États-Unis depuis près d'un siècle, et même à certains égards leur politique intérieure, qu'à propos de cette formule de Monroë, M. Tardieu vient de nous retracer avec sa précision et sa force coutumières, en un tableau magistral.

Il a excellemment mis en lumière le caractère politique, bien plus que juridique, de cette formule; il nous a montré comment elle s'est prêtée à tous les développements de ce gigantesque empire; comment, tournée d'abord, par la nature des choses, contre les prétentions et les ambitions de l'Europe, elle se prête aujourd'hui aux ambitions des Américains du Nord.

Pourquoi, Messieurs? C'est qu'elle est sortie des entrailles de la réalité, comme la Constitution des États-Unis elle-même.

Pourquoi cette Constitution, qui n'était, à l'origine, qu'une sorte de façade pour relier entre eux les divers édifices constitutionnels qui s'étaient élevés

1. Discours prononcé par M. Paul Deschanel le 28 avril 1911.

côte à côte dans l'Est de l'Amérique du Nord, s'est-elle étendue peu à peu avec cet empire sans cesse grandissant? C'est qu'elle a été le résultat — comme vous le disiez tout à l'heure à propos de la doctrine de Monroë — d'un compromis entre deux forces opposées, — un peu comme les pierres de l'arche, en l'entraînant vers sa chute, la consolident.

Oui, cette Constitution américaine a été un compromis, une transaction entre fédéralistes et républicains, entre ceux qui, comme Jefferson, étaient surtout préoccupés de garantir l'unité nationale, et ceux qui, comme Madison, cherchaient à sauvegarder le droit des États.

Et remarquez que ce sont ces mêmes hommes, Jefferson, Madison, Adams, qui, bien plus que Monroë, lequel tenait la plume, rédigèrent cette formule, de même qu'ils avaient rédigé la Constitution.

Je ne connais pas, quant à moi, de plus beau livre — ce devrait être le bréviaire des démocraties modernes — que ce *Fédéraliste*, où l'on a réuni les écrits de Madison, de Jefferson et d'Adams sur l'élaboration de la Constitution des États-Unis et qui contient en quelque sorte tout le fruit et toute la fleur de la sagesse politique anglo-saxonne.

Ce sont ces mêmes hommes qui inspirèrent Monroë; c'est le même esprit positif, pratique, la nécessité des choses, le compromis des forces et, comme vous le disiez si bien, ce qui doit être l'idéal des peuples, le sentiment de ce qu'ils sont aujourd'hui et de ce qu'ils doivent être, de ce qu'ils veulent être demain, la réalité et l'idéal enfin, c'est cela qui a dicté aux hommes admirables qui suivaient les enseignements de Washington et la Constitution des États-Unis et, toutes proportions gardées, la formule de Monroë.

Il y a un chapitre dont M. André Tardieu n'a pas parlé, je sais bien pourquoi, et vous l'avez tous compris, c'est la doctrine de Monroë appliquée au canal. Pourquoi? Parce que M. de Rousiers, que j'aperçois ici, l'a déjà admirablement traité devant vous. Il vous a conté la longue rivalité entre l'Angleterre et les États-Unis au sujet du canal. C'est le problème de demain comme celui d'hier. Dans quelles conditions les États-Unis garderont-ils la haute main sur ce passage? Quels conflits s'engageront sur ce point? Devons-nous dire, avec Tocqueville, que les Américains sont poussés par la force des choses à l'empire des mers, comme, jadis, les Romains étaient poussés à l'empire du monde?

Ce qui est sûr, c'est qu'ils sont poussés à la domination du Pacifique, et que, dès à présent, des ambitions rivales y sont en présence; c'est qu'une grande puissance militaire, coloniale et diplomatique se trouve placée en face d'autres ambitions grandissantes.

Que sortira-t-il de cette rencontre? Comment ces questions se régleront-elles? Pacifiquement? Par la sagesse? Dans le négoce? Nous ne le savons pas, mais c'est tout le caractère de la politique américaine qui s'en trouvera modifié de plus en plus. Et c'est un des traits les plus caractéristiques de cette politique, que les formules qui servaient d'abord uniquement à la défense contre les ambitions de l'Europe se prêtent aujourd'hui à la conquête des terres océaniques.

Je vous remercie de nous avoir laissés sous l'impression de ce talent toujours plus robuste, qui a déjà rendu et qui rendra encore longtemps, je l'espère, de grands services à notre pays.

Nous ne pouvions mieux clore la belle série de conférences organisées par notre section de diplomatie et d'histoire.

Je sais toute la peine que se donnent nos jeunes camarades pour recruter cet admirable personnel de présidents et d'orateurs; je les en félicite et je les en remercie.

Je suis sûr d'être votre interprète en exprimant votre gratitude à nos conférenciers de cet hiver : M. André Siegfried, qui nous a fait une si remarquable conférence sur le Canada et l'impérialisme britannique, M. Paul de Rousiers qui nous a parlé du canal de Panama, M. le comte de Périgny, du Mexique et de son développemeut économique, M. Firmin Roz, de la crise des partis aux États-Unis, et les illustres présidents qui ont bien voulu nous faire profiter de leurs nobles renseignements : mon cher confrère, collègue et ami M. Denys Cochin, M. l'amiral Fournier, le prince Roland Bonaparte, M. le général Brugère. Je regrette de ne pas pouvoir ajouter à ces noms celui de M. Jules Cambon, mais j'espère pouvoir le faire bientôt.

Mes chers amis, je vous donne rendez-vous à l'année prochaine, pour continuer la tradition si brillamment commencée ! (*Applaudissements prolongés.*)

TABLE DES MATIÈRES

DISCOURS DE M. LE VICE-AMIRAL FOURNIER

LE MEXIQUE ET SON DÉVELOPPEMENT ÉCONOMIQUE

CONFÉRENCE DE M. LE COMTE DE PÉRIGNY

SOUS LA PRÉSIDENCE DE S. A. LE PRINCE ROLAND BONAPARTE

LES ÉTATS-UNIS ET LA CRISE DES PARTIS

CONFÉRENCE DE M. FIRMIN ROZ

DISCOURS DE M. LE GÉNÉRAL BRUGÈRE

LA DOCTRINE DE MONROE ET LE PANAMÉRICANISME

ALLOCUTION DE M. PAUL DESCHANEL

DE L'ACADÉMIE FRANÇAISE
DÉPUTÉ D'EURE-ET-LOIR
PRÉSIDENT DE LA SOCIÉTÉ DES ANCIENS ÉLÈVES
ET ÉLÈVES DE L'ÉCOLE DES SCIENCES POLITIQUES

CONFÉRENCE DE M. ANDRÉ TARDIEU

RÉDACTEUR DU BULLETIN DE L'ÉTRANGER DU « TEMPS »
PREMIER SECRÉTAIRE D'AMBASSADE HONORAIRE
PROFESEUR A L'ÉCOLE DES SCIENCES POLITIQUES.

TABLE DES CARTES

ÉVREUX, IMPRIMERIE CH. HÉRISSEY, PAUL HÉRISSEY, SUCCr

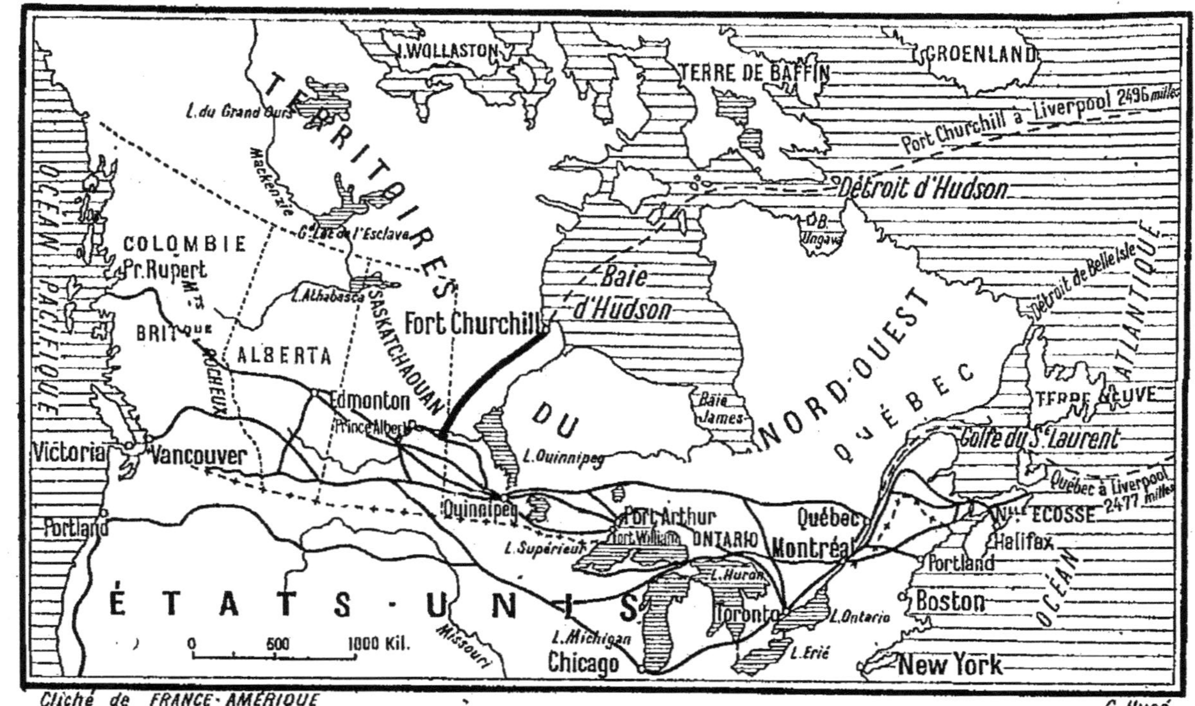

Cliché de FRANCE-AMÉRIQUE G. Huré

LE CANADA

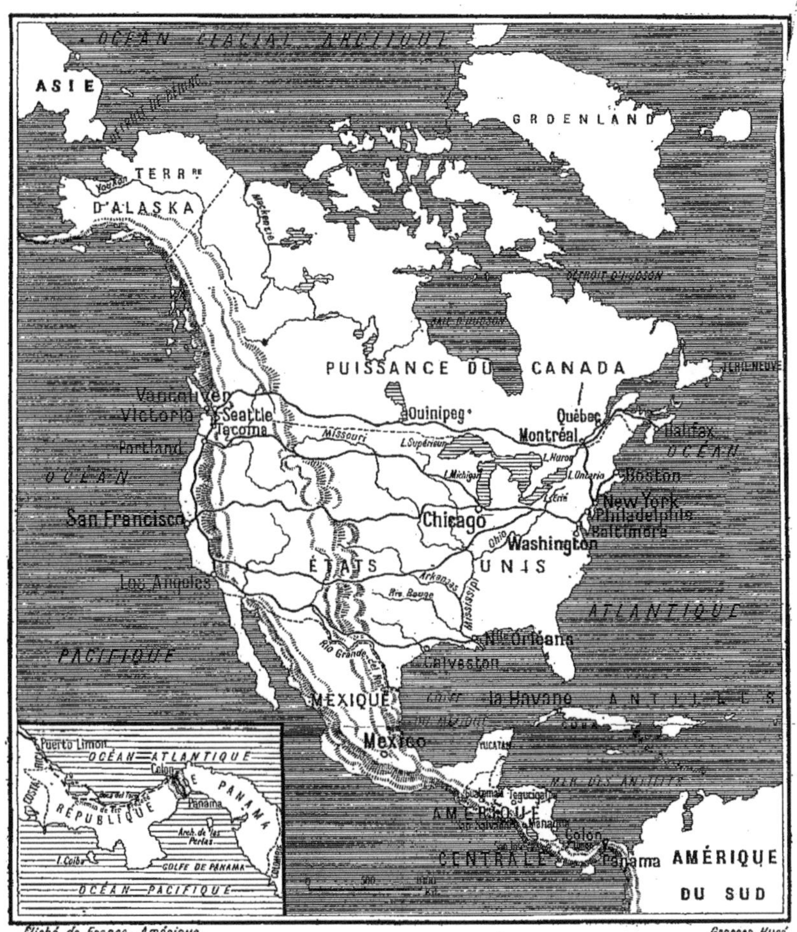

Cliché de France-Amérique. Georges Huré

L'AMÉRIQUE DU NORD

Cliché de France-Amérique. Georges Huré

L'AMÉRIQUE DU SUD ET LE CANAL DE PANAMA

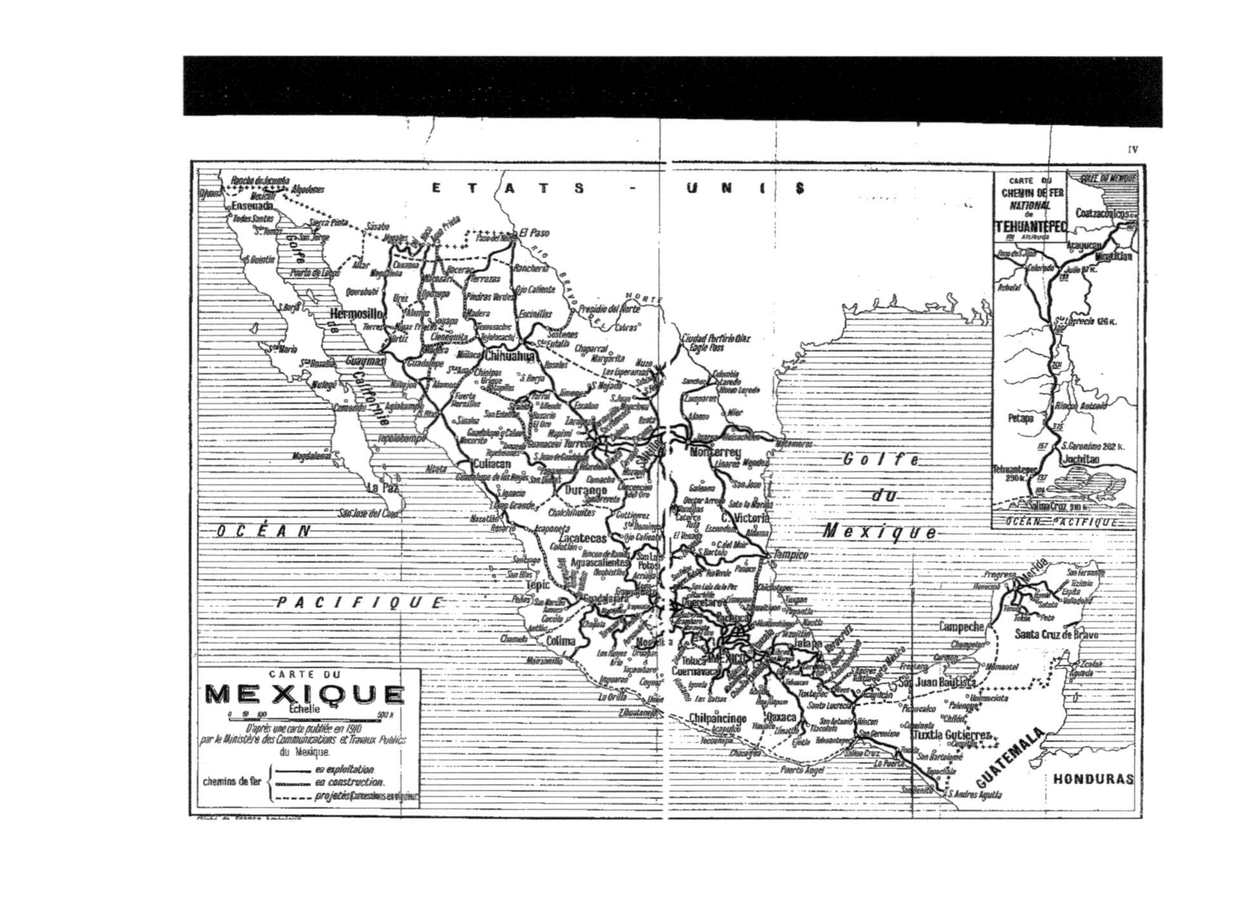
CARTE DU
MEXIQUE
Echelle
500 k
D'après une carte publiée en 1910 par le Ministère des Communications et Travaux Publics du Mexique.
chemins de fer
en exploitation
en construction.
projetés (Concessions en vigueur)
ETATS - UNIS
OCÉAN
PACIFIQUE
Golfe du Mexique
Golfe de Californie
GUATEMALA
HONDURAS
El Paso
Hermosillo
Guaymas
Chihuahua
Culiacan
La Paz
Durango
Monterrey
Zacatecas
Aguascalientes
Tepic
Guadalajara
Colima
Tampico
C. Victoria
Queretaro
Toluca
Cuernavaca
Chilpancingo
Oaxaca
Jalapa
Veracruz
San Juan Bautista
Tuxtla Gutierrez
Campeche
Merida
Santa Cruz de Bravo
Ciudad Porfirio Diaz
Eagle Pass
CARTE DU CHEMIN DE FER NATIONAL de TEHUANTEPEC
Coatzacoalcos
Minatitlan
Petapa
Juchitan
Tehuantepec
Salina Cruz
OCÉAN PACIFIQUE
GOLFE DU MEXIQUE

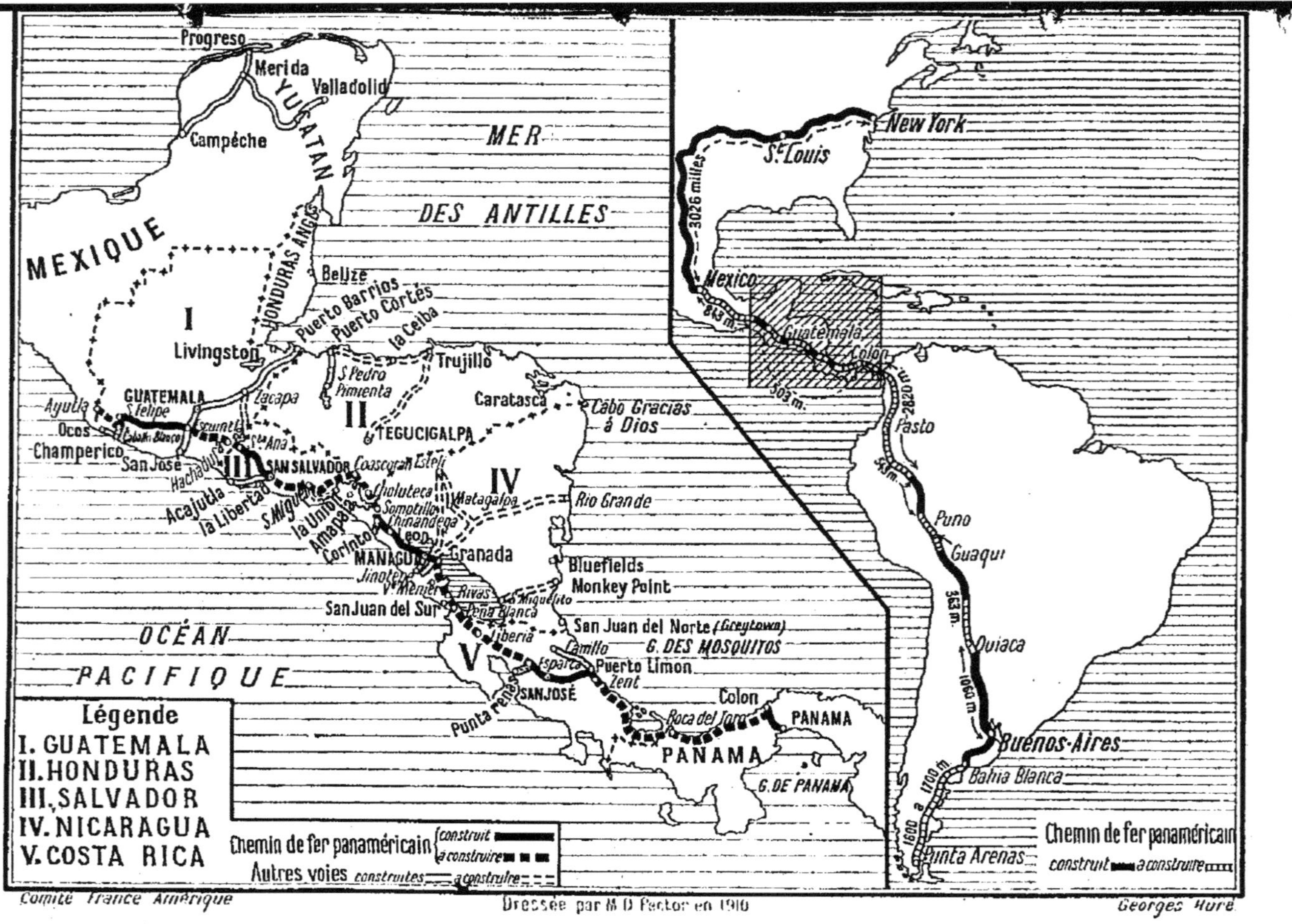

LE CHEMIN DE FER PANAMÉRICAIN